Band 1

Tine Listich
vertellt midden ut'n Läben!

Düt mutt een enfach lesen

Band 1

Tine Listich vertellt midden ut'n Läben!

Düt mutt een enfach lesen

Plattdeutsche Kurzgeschichten
von Anneliese Hamann

Edition Falkenberg

Titelabbildung: fotolia

1. Auflage 2019

ISBN 978-3-95494-186-5
www.edition-falkenberg.de

Inhalt

Aufsatz in der dritten Klasse DER MENSCH

De Minsch ward in si'n irstet Läbensjohr geboren un kummt denn up de Welt. He besteiht ut dree wichtige Deele. De Kopp geiht von den Hoot bet to'n Hals.

Denn kummt dat Öberdeel, dat geiht vonnen Hals bet to'n Buuknabel. De Nabel is dat lüttje Lok innen Buuk, wo man den Schmutz jümmer so schlecht ruutkriegen kann.

Un denn kummt dat Ünnerdeel, dat geiht vonnen Nabel bet no ünnen. Dat Ünnerdeel hett dree Deele: irstens de Beene, dormit de Minsch lopen kann. De Beene goht von den ünneren Deel ut'n Puckel bet up de Eer. Jeder Foot hett fief Töhne, also teihn Töhne, wenn beide Föten uteenanner tellt weerd. An de Arme heet de Töhne Finger, dorvon hett de Minsch teihn Stück.

Inwennig is de Minsch hohl, dormit Luft rin kann un Äten un Drinken. De Minsch hett Schönet un Fieset innen Buuk. Dat Hart is wat Schönet, un de Därme wat Fieset. Dat givt dicke un dünne Minschen, ok krumme un welke mit Sweetföten.

Minschen givt dat öber de ganse Eer, sogor ok in Amerika!

De Minschen, de wat verbroken hebbt, sitt innen Kittchen. De annern lopt free rüm. Ik ok. Dat givt goode un schlechte Minschen. Schlechte Minschen nömt man Minschengeschlechter.

De Minsch hett veer Backen, dorvon holt sik twee innen Gesicht up un twee hangt an dat Achterdeel. Allet, wat de Minsch tweemol hett, is an beiden Sieten befestigt un wat he eenmol hett, sitt in de Mitte.

De Minsch kann veer Köppe hebben: Waterköppe, Dummköppe, Dösköppe un Bubiköppe. De Minsch hett väle Egenschaften. He kann argerlich wäden, lachen, fluchen, aver wenn he krank is, mutt he in't Bett.

De Hauptsake an den Minschen is de Kopp. Ohne den kann he nich läben un dorüm hett he em ok nödig. De Deel annen Kopp, wo de

Minsch mit luert, is dat Gesicht. Middendrin hett he eenen Zinken, den man Näse nömt. Ok Chinesen, Indianer un mine Oma weerd to Minschen tellt.

De Minsch stammt von Adam un Eva af. Eener hett moll seggt, de Minsch stammt vonnen Aapen af. Dat is aver gelogen, weil bloß de Fiesen dorvon afstammt. De Gooden nämlich von Adam un Eva.

De Minsch kann allles: Hüser boen, Holt hacken, Müse fangen un Zeppeline boen. De Minsch kann noch väl mehr. Min Papa kann mit de Ohren wackeln.

Dat givt twee Sorten von Minschen, männliche, gewöhnliche un beste. De besten föhrt Auto un de Gewöhlichen goht to Foot.

Wenn de Minsch grot is, nimmt he sik eene Fro, de he lieden mag. He geiht denn irgendwo mit ehr hen. Dat nömt sik Stannesamt. Dor kriggt he eenen Schien, dormit he Kinner kriegen kann.

Aver bittschön mit Sahne!

Sahne – jawoll, se eene Delikatesse! Mit Prädikat!

Udo Jürgens süng nich ümsüst »Aber bitte mit Sahne!«

Ok wenn dat Geneten meist jümmer mit'n schlechtet Geweten verbunnen is, mit Sahne verfienerte Gerichte sünd nu moll een unvergätlichet Geschmacks-Belävnis. Soße ohne Sahneklecks is keene richtige Soße. Soße mit Sahne harmoneert besonners mit eenen wunnerboren Swiensbroern. De beiden möcht sik liern, dat kannste glöben!

Wat wör Tomatenzuppen ohne lüttje Sahnehuben? Enfache dörgekokte, rode Pampe! Götterspies' ohne Sahne schmeckt würklich trostlos. Kaffee ohne Sahne geiht bi manche gor nich un Obsttorten ohne Sahne is as'n Sömmerdag ohne Sünn'.

Eene Portschon Is mit Sahne is so wat von lecker un frische Erdbeeren verdrägt sik hunnertprozentig mit'n Klacks Sahne. Also, ohne Sahne geiht fast nix.

Aver wer to väl Sahne äten deit, kann leider nich schlank blieben. Man mutt den goldenen Middelweg finnen, anners geiht' nich. Meist ligt dat nich an de verarften Gene, wenn'n to füllig is, sonnern an to veel Schlagsahne.

No rieklich Sahnegenuss kann jo good dat Avendäten wegfall'n udder man mutt moll Middag vergäten. Een Saftdag ohne Sahne deit de Figur good un man bruukt sik keene Diäten ando'n. Figur is jo, wat jeder hett.

Lüde, dat givt Sahne in välen Varianten, von veer bet veertig Prozent!

Dor is för jeden wat dorbi un keener mutt up Genuss verzichten. Diäten lot sik verzichten wegen den Jo-Jo-Efekt. Diäten sünd düer un köst Geld. De Diät-Hersteller hölpt een von de Punnen un von Geld. De Punnen kaumt wedder, aver dat Geld is weg.

De Köken is een Gaumentheater un Labor, wo mit Sahne un annere herrliche Genussmiddel experimenteert ward. Kookkunst is aver ok de heimtücksche Methode, Muskelfleesch in Buukspeck to verwandeln. Wenn't an'n besten schmeckt, schall'n uphör'n, seggt een olet Spräkwurt – domols hett dat noch keene Sahne gäben!

Wo kummt de Sahne egentlich her? Väle wät dat vandage leider nich mehr genau. Eene Koh is een wunnerboret Wesen, dat Gras un Hau in Melk verwanneln kann. De Minsch kann dat Fett von de Melk trennen un dorut Sahne moken. Sahne besteiht ut Fett un Fett is gefährlich bi unvernünftigen Genuss.

Sahne is aver gefährlich good un de Gefahr reizt den Minschen.

Belävnisse ut de Gastronomie

Wirte un Personol möt jümmer fründlich wäden. Väle Gäste sünd utkörsch un unhöflich.

Mannigmoll fallt dat siker swor, Haltung to gewahren. Is würklich to bewunnern, wie se dat schafft.

Een arroganter Gast bestellt bi'n Ober: »Mokt Se mi een 275 Gramm sworet Steak ut de drütten Rinderrippe. Düt Stück genau fief Minuten anbroern un den Fettrand bittschön bet up'm halben Zentimeter afsnien un sofort servieren!«

De Ober vertüht keene Miene und frogt höflich: »Geern, de Herr! Un welke Blootgruppe draff dat Rind hebben?«

De Gäste hebbt äten, drunken un betohlt. Bi'n Ruutgoh'n meent eener to'n Wirt: »Is schode, dat wi nich all fröher hier wören.« De Wirt frogt geschmeichelt: »Hett jo dat denn so goot schmeckt?«

»Dat jüst nich«, seggt de Gast »Aver denn wör dat Fleesch villicht noch frisch wäden ...«

Een Gast beschwert sik bi'n Ober. De holt den Koch: »Werter Herr Koch, düt Schnitzel schmeckt as'n oler Huuslatschen, den man mit Pepper un Ziepoln inräben hett!«, dönnert de Gast. De Koch bewohrt tadellose Haltung un staunt: »Donnerwetter! Wat Se nich allet äten hebbt!«

De penible Dütschlehrer studeert de Spieskorten. He winkt den Ober ran un wiest em de Korten, wo »Omelet« upsteiht. Mit'n Finger wiest he up den Fehler hen un belehrt: »Omelett mit zwei t!«

De Ober geiht in Richtung Köken un ropt: »Een Omelett un twee Tee ...«

De Gast innen Restaurant hett sinen Teller leddig äten. De Ober well afrümen un frogt: »Nu, de Herr, wie hett Se dat Steak gemundet?« De Gast sett sik torücht un betont: »Erstklassik! Un dat segge ik as Vullprofi!«

»De Herr is Metzger?«

»Nähä – Schohmaker ...«

Een junget Poor is bi'n Italiener. De Ober nimmt de Bestellung up. Se bestellt: »Eenmoll Tortellini för minen Macker!« He well: »Eenmoll Makkaroni för mine Torte!«

De Ober hett Spaß an de Bestellung un summt: »Eenmoll Tortellini mit Macker – eenmoll Makkaroni mit Torte ...«

Twee sonnerbore Damen beschwert sik bi de Serviererin: »Also, Ehr Kaffee wör enfach gräsig!«

»Dat deit mi leed, dat de Kaffee nich schmeckt hett, aver bether hett sik keen Gast deswägen beschwert. Aver ik gäv Ehre Kritiken sofort an den Kaffeeautomaten füdder!«

Dat Fitness-Studio

Von Fitness, Workout un Beauty kann een jedet Wekenenne in de Zeitung lesen. Udder du find's so'n Stück buntet Papeer, dat man vandage »Flyer« beteeknet, innen Breefkassen.

Up düt Stück Papeer stoht Verspreeken, dat du fit warst un afnehmen deist.

Vörrutgesett, du geihst de Sake up'm Grund: nämlich in dat Fitness-Studio, dat di den Flyer tokaumen loten hett. Dor vertellt di de Trainer, wat du an de blanken Gerätschaften moken musst, üm dine leider verlor'ne Muskeln wedder uptobo'n.

Aver vörher well he genau wäten, wat de Wachte ober di seggt un ob du kreislopmässig in Ordnung büst. Dat protokolleert he allens in eene Akte, de von nu afan dinen Namen kriggt. De Keerl is professionell.

»Sport un ik«, denkst du bäten argwöhnsch, aver as de Trainer di klor mokt, dat du minnestens tweemoll inne Weeke veertig Minuten traineeren musst, wat di anners! Die'n persönlicher Trainer wiest indringlich dorup hen, dat bloß Muskeln Fett verbrennt – aver du hest man keene!

»Dat ännert sik baldigst!«, ropt de Trainer, as könn he in di rinkieken un bekiekt di nu noch von boben bet ünnen as een Utstellungsstück. Denn lett he sine Muskeln vör dine Ogen speelen, dat si'n enget Trainingshemd man bloß so zuckt.

Du büst bange, wat kummt dor bloß up di to? De Trainer grinst mit witte Tähne un versprikt, dat he di doch hölpen deit, dienen inneren Swienehund kleen to kriegen.

»Min' Gott, hebb ik eenen Swienehund innen Liev?«, frogst du di . Un du hest jümmer dacht, dat di to'n Sport man bloß de Lust fehlte! –

Jo, jo, di'n Hüftgold schall jo weg, dat du di in johrelanger Frät-Arbeit an de Schinken nagelt hest. De Kalorientabelle lett nich up sik töven un ok nich de Gebühren, de he di wiest. Spätestens nu wat di flau.

Dat heste nich dacht, dat Fett weg moken so väl Geld köst!

Dat is richtig gemein: Irst köst dat Foer Geld – un dat Afnehmen schall noch mehr kösten? Du glövst, dat bi di'n Geldbüddel de Gewichtsafnahme duller ward as bi di sülmst. Un du ahnst, dat de Trainer diene Kleedergröte 46 as Telt beteeknet.

Du föhlst di gor nich woll, dine Freetied hier to verbringen mit Sweeten un Hecheln.

De Trainer is een Minsch, de sik sin Brot innen Sweet in de Angesichter von annere Minschen verdeent, denkst du up eenmoll un weeßt genau, wat du egentlich wullt.

Du seggst enfach Tschüß un geihst no Huus un in Tokunft mokst du rigoros de bekannte Kur FDH. De schall di hölpen un de köst nix!

Öllernleid un Öllernfreide

Tina un Jan weerd Öllern, dorüm hebbt se schnell heirot.

Egentlich wör de Hochtied irst innen nächsten Johr plant, aver een lüttjen Drieber hett sik nu dortschwüschen steeken.

De vörgetogene Heirot is gans fierlich, Jan innen sülbergrau'n Antog un Tina in een wittet Bruutkleed mit'n lüttjen Schleier inne Hoor stoht glücklich vör'n Altar.

De runne Babykugel is all to seh'n. De Paster holt eene schöne Trooansspraake un denn wend' he sik an de Bruut: »Un nu to Se, leebe Bruut! Dat Se stark innen Globen sünd, dat hofft wi. Dat Se stark inne Leev sünd, dat wät wi, un dat Se stark in Hoffnung sünd, dat seht wi!«

De beiden freit sik up den Nowass. Jede Weeke wasst Tinas Buuk gröter. Se tövt sehnsüchtig up de Stünnen, wo dat Lüttje to Welt kaumen schall.

Un denn geiht allens gans fix. Een lüttjen Jung kummt an, un allens is an em annen: so winzige Hänne un Föten, lüttje Stupsnäs', runne Blauogen un poor swarte Hoorringels up'm Kopp, de Körper is so week un warm – een lüttjet Wunnerwark!

Jan un Tina künnt sik gor nich satt kieken an dat Baby! Se geevt em den Nomen Johannes. Och, wat sünd se dankbor för dat lüttje Wesen! –

Aver de Alldag kriggt jem in, jede Nacht kreiht Johannes los, weil he Hunger hett. Dagsober slopt he friedlich vör sik hen un mokt keenen Mucks.

Kuum liggt sine Öllern inne Betten un wüllt slopen, legt de Natur-Wecker los. Irst gnickert he liese vör sik hen un denn jogt he siene Dezibels so hoch, dat beide Öllern hochjumpt un de Huulboje ut dat Kinnerbett bört.

Sofort is Ruhe, aver wehe, Johannes kriggt nich glieks wat in de lüttje Snuten, denn brüllt he los, dat'n sik wunnern mutt, wo so'n lüttjet Wesen luut blarren kann.

Jan sitt eenes Nachts innen Bett un stöhnt:»Och Tina, use Johannes hett'n Magen mit ingeboten Luutspreeker up de Vördersiet, un mit'n Utpuff up de Achtersiet! De mokt de Nächte to sine Dage – wat mokt wi beide denn bloß verkehrt? So kann dat nich füdder goh'n, us fehlt de Slop!«

Nu is de Lüttje wedder satt un Tina legt em sachte öber ehre Schuller un kloppt gans lichte up den Babypuckel, bet de Rülpser endlich kummt. Meist spuckt he sine Mudder dorbi an, weil he Luft mitsluckt hett.

Mit Hengabe packt Mudder Tina dat Baby ut de natten Winneln. Se wischt den lüttjen Mors af, pudert, un windelt em frisch. De Lüttje is versorgt un hoffentlich möde, kummt in si'n Körvchen un nuckelt annen Dumen.

So, Licht ut! Nu wüllt de Öllern endlich slopen.

Aver no'n poor Stünnen weerd se ut'n Deepslop reeten – lütt Johannes brüllt ut Lieveskräften. Jan nimmt dat Brüllpaket hoch un rükt glieks den Grund, Baby hett düchtig inne Winneln schäten. He wickelt vorsichtig den Lüttjen ut, wascht den lüttjen Mors af, wickelt nee Winneln üm. Baby grient, quietscht un strampelt munter.

Wedder innen Körv, brüllt Baby los – all wedder Hunger? Tina mokt Fencheltee. Se is gans slöperig, kann kuum de Ogen open holen. Baby nuckelt un slopt in.

Morns Klocke fief kreischt wedder de Bio-Wecker, de Nacht is vörbi.

Bet Kinner sülmsstännig sünd, vergoht väle Johre. Öllernleev vergeiht nie nich. Öllernschaft is een Betrieb, de de wichtigsten Produkte, nämlich lüttje Minschen herstellt, un dormit ok een stüerlich begünstigter Lütt-Betrieb för de Herstellung von Stüertahlern.

Öllern hebbt dat grötste Glück, dat Minschen hebben künnt: nämlich Kinner groot to tehn!

Dat Maat wör vull

Hein Brünjes seet bi'n Anwalt. He woll sik nu endlich scheeden loten. Dat mit siene Else, dat güng gor nich mehr. Jümmer wedder mök se Striet mit em un denn güng dat aver to Soke! He kreegt dorbi Angst üm sie'n Läben.

De Anwalt födderte em up: »Nu seggt Se mi toirst moll, worüm Se sik scheeden loten wüllt. Ik mutt jede Enzelheit wäten. Also, wat is de Anlat?«

Hein wör dat unangenöhm, allens to vertellen, aver dat mösst jo wäden. He dreih' sine Mützen in de Hänne.

»Tscha, Herr Anwalt, mine Else, wat mien Fro is, also, de misshannelt mi! Is nich mehr to'n Utholen!« De Anwalt keekt unglövsch: »Wo mokt se dat denn?«

»Se smitt mi mit alles, wat se jüst griepen kann!«

De Anwalt kritzelte wat up een Papeer. »So, nu moll de Reege no – wat löst denn de Strieteree ut?«

»Tscha, dat is man so: Ik kann ehr nix recht moken: nich bi'n Keihe mölken, nich bi'n Swiene foern, nich up'm Fell'n, un irst recht nich innen Huuse. Wenn wat scheef geiht, bün ik de Dübel. Dorbi mokt se aver den meisten Murks!

Un wenn Else in Rasche kummt, denn ward se jümmer duller. Dat is, as wenn'n midden innen Ungewitter steiht. Ik hol dat nich mehr mit ehr ut, Herr Anwalt!«

De Anwalt räusperte sik, bevör he bedächtig meente: »Herr Brünjes, wören Sie denn mal mit de Frau desterwägen bi'n Dokter? Eventuell mutt se sogor no'n Psychiater hen. Schienbor kann se sik nich beherrschen, wenn se vergrellt ward.«

»Jo, jo! Se kann sik denn nich mehr inkriegen!«, röp Hein dortschüschen. »Herr Brünjes, stellt Se sik eene Scheedung bloß nich so enfach vör! Dat kann lange duern, weil alle Enzelheiten klärt weern möt. Un notürlich ok de Vermögenslage. Un wie wüllt Se denn alleene klor kaumen up den Hoff – udder hebbt Se Kinner, de Se hölpen künnt?«

De Anwalt keek Hein scharp an. De dreih' sik up sienen Stohl hen un her: »Nää, Kinner hebbt wi nich!

Doran schall ik ok Schuld wäden. Else holt mi vandage noch vör, dat ik to dick un bequem to'n Kinnermoken wör. Denn smitt se mi wedder wat no, moll isset een Pott, moll de Zuppenkelle, de Huusbessen, udder Tassen un Töller. Jüst dat, wat se to foten kriggt. Ik hol dat würklich nich mehr mit ehr ut! Ik bün in Läbensgefohr! Ob Se woll so fründlich wören, un mi so bald as dat man geiht, von miene Fro afhölpen dot?«

Bittent keek Hein den Anwalt an. De bög' sik vör: »Noch wat Wichtiget: Wo lange sünd Se denn verheirotet?« Hein snöf luer: »Dreeundartig Johre!«

»So lange all?« De Anwalt wör denn doch entsetzt: »Mann, weswägen hebbt Se denn nich all längst wat ünnernohmen?«

»Bet gistern güng dat allens jo noch enigermoten von mi af, aver nu hebb ik dat mit de Angst krägen. Hüte morn hett se mi to'n irsten Mol mit ehren Holschen annen Kopp dropen!«

De besonnere Geburtsdag

To Huus blieben, wenn'n olt ward, dat hett sik Opa Schnieder jümmer wünscht.

Afsolut well he nich in een Altersheim und dat harr ok een Grund: De beste Fründ von Opa Schnieder lävte dree Johre in so'n »Senioren-Biotop«, as Opa dat nömt. Si'n Fründ is dor ingoh'n as'n Primel, föhl' sik entmündigt, so as in Gefangenschap. De Pläge löt ok to wünschen öber, weil an Personol sport wör. Dat Äten schmeckte em nich un sine Kräfte schwünden. He wör bloß noch eene läbende Lieke. He wör innen Bett to Dode kaumen. - Dat Öller is eene Krankheit mit'n tödlichen Utgang!

Schnieders Opa is tofräden, dat he in sine Wohnung läben kann, notürlich mit Hülpe von eene Plägerin, de tweemoll annen Dag kummt.

He bruukt ehr, üm morns ut'n Bett to kaumen un se mokt em feinet Fröhstück un bringt de Zeitung mit. Middags kricht he warm Äten mit Nodisch. Wat hett he dat goot - dorför is he so dankbor!

De Nobers kiekt foken bi em rin, udder se rullt em in sinen Stohl no buten. Se künnt em good verdrägen. He is fründlich, un sinen Humor hett he jümmer noch. He vertellt geern, as he androgen hett, dat he olt is. Dat wör so: He hett geern Fronslüde totwinkert, bet em eene gans förksorglich fröcht, ob em wat in't Oge flogen wör. Von dor afan wüsst' he, dat he lachhaftig wirken dö as twinkernder Oltkeerl, dat he sine Komplimente nich mehr inne Taten ümsetten könn.

In düsse Tiedspanne hett he ok väle Fehlers aflegt, weil he de nich mehr bruukt. Dat Öller is würklich dat enzige, wat den Minschen möhelos innen Schot fallt. Oltweern is nu moll dat enzige Middel, üm lange to läben!

Aver de 90 Geburtsdag schöll fiert weern mit Verwandtschap un Nobers.

Nu is de Dag dor un Opa sitt geschniegelt in sienen Stohl un ünnerholt sik mit de Gäste. Up eenmoll steiht eene frömde Fro vör em un ropt luut: »Herr Schnieder, ich komme vom NDR und möchte Ihnen ganz doll gratulieren! Sie sind ja eine bekannte Persönlichkeit, haben sicher viel erlebt! Ich will mit Ihnen ein kleines Interview machen, was Sie machen und wie Sie leben. Sind Sie bereit?« Se kloppt em up de Schullern un lacht em mit rode Lippen künstlich an.

Opa holt irsmoll deep Luft un bekikt sik de Fro. Se steiht dicht vör em. Dat passt em oberhaupt nich, dat se em dermoten oberfallt. De well he wat vertellen! Se holt em all dat Mikro vör de Näse: »Herr Schnieder, womit beginnen Sie Ihren Tag? Erzählen Sie mal genau, aber fassen Sie sich bitte kurz!«

He host twee Mole un meent: »Denn pinkel ik irstmoll!«

»Aber Opa Schnieder! So doch nicht! Sagen Sie: Ich uriniere. Also noch mal: Opa Schnieder, womit beginnen Sie Ihren Tag?«

De Ulsche secht Opa to em! »Utverschomte Person!«, denkt he »Na töv man!« – »Zuerst uriniere ich!«

»Sehr schön, und was machen Sie dann?«

»Denn kack' ik!«

»Aber Herr Schnieder, bitte, sagen Sie doch: Dann habe ich Stuhlgang! Also noch mal von vorn! Was machen Sie morgens als erstes?«

»Aha«, denkt he »se snackt mi moll mit HERR an, de ulle Zech!« un he antwurt: »Toirst uriniere ik!«

»Sehr gut, Herr Schnieder. Wie geht Ihr Tag weiter, was machen Sie dann?«

»Jau, denn hebb ik Stohlgang!«

»Prima, Herr Schnieder und was passiert dann bei Ihnen?«

Opa grient in sik rin, he hett aver Spoß!

»Herr Schnieder – was machen Sie dann?«, drängelt de Fernsehtante.

Opa Schnieder kikt ehr an un ropt: »Denn stoh ik up!!«

De 50. Gebursdag

Wenn een Minsch 50 ward, is wat los bi em, ob he nu well udder nich. Bi Bormanns Karin wör dat so, se harr ehr'n 50. Gebursdag. Se hett väle, nette Arbeitskollegen, is in twee Kegelvereene. Se is bi dat Rote Krüz an't Wirken, is dree Mole scheed' wor'n, un socht nu wedder eenen önnigen Keerl.

Dat wör jo keen Wunner, dat dat eene groode Fier geevt. De Gäste möken ehr vergnögt klor, dat se nu up denn besten Weg to eene Seniorin wör. Se kreeg Rotsläge för dat kommende Tattergreiseninnenläben.

Karin wör nich up'm Mund full'n. No all de Anspälungen up ehrt Öller köm se önnig to Wurt.

»Nu kann doch woll keener mehr seggen, dat ik een falschen Fuffziger bün! Ji meent woll, mit 50 geiht dat bargaf?

Jowoll, dat deit dat ok, aver nu komm ik irst moll richtig in Fohrt! Ik hebb mine Mitte funnen un dröm' von een rodet Cabrio mit open Dak un eenen flotten Keerl. So lange mi nämlich keener innen Bus Platz anbeert, mutt ik noch keen bequemet Auto föhr'n.

Nu hebb' ik Narrenfreeheit - mit 50 fallst innen Verkehr nich mehr up. Ik hebb keene Gicht, ik hebb ümsmietenden Charm, dorüm mögt ji mi lieden. Jowoll, nu bün ik een leebhafter Fifty, de nich weet, wo Alzheim liggt.

Ik kaum' gor nich up de Idee, mi jemols liften to loten, nää, Hochnäsigkeit steiht mi nich! Liften lot ik mi man bloss innen Fohrstohl!

Un Lüde, mit dat Klimakterium kann dat gor keene Probleme gäben, wo dat doch so goode Sünnschutzmiddel givt. In min' Öller pedd' ik nich körter, ik atme bloss luter.

Mine Markzeddels in min' Portmonnee sünd nix för ole Lüde, dat is nämlich de alphabetische Öbersicht öber mine Kreditkorten!

In de Johre komm' ik noch lange nich. Ik kann mi enfach noch to good an de Pubertät erinnern. Min' riepet Üteret is man bloss eene

Tarneree gegenöber von dat Junggemüse, dat ik af un an moll upluern do.

Mine Läber hett ok ehrt Jubiläum anmeld', bald mutt ik mi up eene Dürrtied instell'n. –

Un den Sinn von dat Läben hebb ik intwüschen begreepen, nu will ik denn Unsinn ok noch to wäten kriegen. Von nu afan goh' ik jeden Dag no de Sporkass' to'n Geldtellen. Dat schall gegen Verkalkung innen Kopp hölpen un den Geist beriekern.

Mine Gelotenheit is man bloss von buten, innerlich danzt mine Triebe noch mächdig Cha-Cha-Cha! Dat hett doch wat Goodes, bi min Format bruuk ik woll nich to bewiesen, dat ik vull in Form bün.

Ik hebb de irste Stellung, dat tweete Gesicht, de drütten Tähn' un kriege bald den veerten Keerl. Un to'n Sluss von mine Verteidigung segg' ik jo: Läbenserholende Moßnahmen künnt ji jo alle an de Höte stecken! Bi mi zuckt würklich noch all'ns!«

De Geschichte von dat Schap

Een Herr in Mantel un Hot in de besten Johren studeerte een grootet Emailleschild an eene Huuswand. He keek unschlüssig up de Upschrift: »Dr. Klemptner, Facharzt für Psychiatrie.«

»Se bruukt mine Hülpe, min Herr?«, hörte he achter sik eene deepe Stimme. De Herr dreih' sik verfehrt üm: »Öh, öh - dorvon kann egentlich keene Rede wäden ...«, host' he verlägen.

»Oh jau, dat seggt de meisten !«, röp de Dokter fründlich un kloppte den unenslotenen Minschen sachte up de Schullern. »Kaumt Se doch irstmoll rin. Wenn wi beiden us in Ruhe ünnerholt, weerd Se gewiss eene annere Meenung hebben.«

De Dokter mök de Dör wiet open un de Besöker pedd' zögerlich rin in eene moderne Praxis mit'n rosa Sofa ünnern Finster un dachte bi sik: »Tscha, Psychiater sünd Minschen as du un ik, bloß'n bäten verrückter. Düsse hier is eener, de de Miete kasseert, wenn Lüe in een Luftschloss wohnt. Wenn ik de Inrichtung bekieke ... räkt mine Pension för eene längere Behandlung?«

De beflätene Dokter wieste den Herrn an, Mantel un Hot aftoleggen un up dat rosa Sofa Platz to nähmen.

»Wat hebbt Se denn för een Problem?« De Herr wünd' sik bäten: »Innen Grunde is dat een Problem von mine Fro. Dorüm is ehr dat ok sworfall'n, mi to Se to schicken, möt Se wäten.«

»Un weswägen schickt Ehre Fro se her?«, woll de geduldige Dokter wäten.

De Besöker kreegt eenen roen Kopp un erklärte: »Weil ik een Schap bün!« De Dokter murmelte välsagend: »Ahaa - un wie mokt sik dat bemarkbor?«

»Och, bi mi jo öberhaupt nich! Bloß mine Fro sorgt sik. Fröher hett se jümmer secht, dat ik ehr lüttjet Schäfchen bün. Un nu quält se de

Gedanke, dat se doch nich up de Duer mit een utwassen Schap tohopen läben kann. Se, Herr Dokter, schüllt desterwägen ut mi bet to'n Sömmer wedder eenen Minschen moken!«

»Oh Mann!«, dacht sik de Dokter. »Dat givt Minschen, de sünd de läbende Bewies dorför, dat vullstänniget Hirnverseggen nich twangslöpig to'n Dode föhrt!

Aver man to, ik bün eener, de mit Würter operieren kann. Ik hebb jo Seelen-Wätenschap studeert.« -

He räusperte sik hörbor: »Intressant, intressant! Hett ehre Fro all lange de Vörstellung, dat Se een Schap sünd?«

De Herr nickkoppte: »Dat hett se seit twee Johren. Aver ehrlich, Dokter, ik bün hüte so utgläken, dat ik ohne wieteret een Lämmchen kaputtstrokeln könn! Meist hebb ik den gansen Dag öber Koppkehlen, ik glöve, min Hirn wasst wedder no.«

De Dokter noteerte wat un dachte sik: »Dat Enzige, wat bi den Herrn richtig sitt, is woll si'n Achtersten.«

Denn keek he den Besöker fast in de Ogen un roer em: »Schickt Se doch baldigst Ehre werte Fro to mi inne Praxis. Sorgen bruukt Se sik allerdings nich to moken, solke Fälle givt dat mehr as man denkt. Froen neigt oft dorto, för ehren Mann de merkwürdigsten Kosenomen uttosöken.

De Gebruuk von tierischen Nomen kann bi Froen dorto föhren, dat se den Partner totsächlich dör den verwendeten Begriff to erkennen glövt – as bi Se dat de Fall as Schap is. Aver dat bögt wi gemeensom wedder hen.«

De Besöker lachte tofräden. »Och Dokter, noch eene Frage: Ik hebb meist Hummeln innen Mors un Schmetterlinge innen Buuk - bün ik nu een Minizoo?«

De Dokter verkneep sik eenen Lachanfall, un dacht' sik: »Oh Mann, di'n Verstand sorgt dorför, dat de Vernunft to kört kummt!«

As de Besöker upstünn, röp he: »Wät Se Dokter, denn schick ik mine Fro aver irst innen Sömmer to Se!«

»Worüm denn irst innen Sömmer?«, woll de erstaunte Psychiater wäten.

De Herr verklorte: »Herr Dokter, dat is doch woll gaans logisch. Wi wüllt doch nich up de Wolle verzichten!«

De gewiefte Staranwalt

De Staranwalt hett sik in Amerika »niedergelassen«, as dat in Amtsdütsch heet. Düsse Anwalt is klok un erfohren, as wör he jo keen Staranwalt wurn.

As Beroter mokt he Verdräge, schlichtet ok Strietigkeiten, üm Prozesse to verhinnern, vör all'n, wenn sik de nich för em lohnen dot.

He öberprüft Verdräge aller Art: ton Bispell Mieten. Pachten, Geldgeschäfte usw.

Düsse kloke Anwalt hett sik spezialiseert up Rechtsgeschäfte inne Wirtschaff. He versteiht dat besonners, gans erfolgriek Wirtschaffsprozesse to gewinnen.

In dat Land vonne unbegrenzten Möglichkeiten hofft he, noch mehr indrägliche Wirtschaffs- un Hannelsprozesse to föhren. Dat is jo schließlich si'n Speziolgebiet.

He hett dor ok bald eene düchtige Anwaltskanzlee ingange mit fliedige Mitarbeiters. Kanns man meenen, de Kanzlei is eene Verdragswerkstatt, so flott as de de Laden lopt.

De Anwalt is mannichmoll nich bloß de Deener von Recht, sonnern ok de Verdeener an Unrecht. Düsse Anwalt is jo schließlich eene in de »Umgehung des Gesetzes« geschoolte Person.

Wenn he verteidigt, bringt he de Kunst togange, den unbedingten Globen an em to wecken. Aver so een Schwor-Worker von Staranwalt well ok moll sinen verdeenten Fieravend geneten.

He hett sik eene lüttje Kiste mit 24 seltenen, düren Zigarren köft. Un as Anwalt mokt he Nagels mit Köppe: He versichert düsse Zigarren gegen Füerschäden!

Up de nächsten Monate verdeelt, rookt he de Zigarren komplett up.

Dorno schrift he an de Versicherung un föddert de up, em den Schaden to ersetten. Bet to düssen Tietpunkt harr he man jüst de irste

Prämientohlung mokt, dat könn' he sik as glövhaftiger Staranwalt goot leisten, ohne dat he eene Mahnung kreeg'.

In dat Schrieben begrünnt he sine Födderung dormit, dat de Zigarren dör eene Serie von lüttjen Füerschäden vullstännig vernicht' wurn sünd.

Notürlich (as se dat meist deit) weigert sik de Versicherung, de Tahlungsupfödderung to leisten. Se begrünnt inlüchtend, dat de Anwalt de Zigarren »bestimmungsgemäß« upqualmt harr.

Dat Gericht stimmt de Versicherung to, dat de Anspruch von den Anwalt utverschaumt wör, doch de Versicherungspolice seggt nu moll ut, dat de Anwalt gegen jede Art von Füer versichert is, dorüm bestoht keene Haftungsutschlüsse.

Jo, un nu mutt de Versicherung den Schaden ok ersetten, weil se sülmst dat so vereenbort, un mit ünnerschräben hett.

De Versicherung well in keen langet Beropungsverfohren goh'n, akzepteert dat Urdeel un betohlt de gefödderten 15.000 Euro Füerschaden Tähne knirschent an den raffineerten Anwalt.

Nodem de Anwalt den Scheck lachend annohmen un glieks inlöst hett, steiht up eenmoll een Polizeiwagen vör em. So wat! Up Andrag von de Versicherung wegen 24-facher Brandstiftung nehmt em de amerikonischen Gesetzeshüter fast.

Mit Henwies up sine Zivilkloge un sine Utseggen vör Gericht is he wegen »Vorsetzlicher Inbrandsetzung seines versicherten Eigentums« to 24 Monaten Freeheitsstrofe ohne Bewährung un 24.000 Dollar Geldstrofe verurdeelt wurn.

Tscha! Dor kanns moll seh'n – de Versicherung hett 'n gans gewieften Staranwalt!

Von Kindsdöpen

Kindsdöpen sind een karklichet, schönet Feest. Gelegentlich künnt de ok moll anstrengend wäden.

Dat gelt nich bloß för een luut un lange schreiendet Baby, dat döpt weern schall. Dat bedrüpt Paster, Öllern un Verwandte inne Karken. De Döpling mutt jo Krach moken, wenn dat up eenmoll annen ungewohnten Enne, nämlich annen Kopp, natt ward. Baby is jo dat bloß annen Achtersten gewohnt. Also verjocht sik de Döpling, un fangt luut an to brüllen.

För den lüttjen Erdenbörger sünd ungewohnte, lute Töne von Orgel un Singkreis to vernähmen! Wie anners as mit noch mehr Gebrüll schall he dor up reageern? Wenn noch de Posaunenchor losschmettert, de nöchsten Angehörigen dat Fracksusen kriegt un nervös un upgerägt sünd?

Dat Döpkind holt deep Luft und posaunt de allerhöchsten Oktaven dör de Karken. Baby is jo gewöhnt, dat sik de groden Minschen glieks kümmert, wenn et luut blarrt.

Eene Kindsdöpe is eene Ruutfödderung för Öllern nun Paten, weil se dat gewaltige Stimm-Vermögen von Baby kennt. Vör de Döpe kriggt Baby den Schnuller in de lüttje Snuten. Man bloß to Vörbeugung. Villicht kann de verhinnern, dat Baby inne Karken Krach mokt.

Aver denn, as de Familje mit'n Paster üm dat Döpbecken steiht, un dat losgoh'n schall mit de Döperee, spuckt Baby den Nuckel in dat Döpbecken un fangt as'n Kirmesorgel an to gill'n.

Bi'n Döp-Akt lopt Babys Gesicht blaurot an. De Paster-Anspraake geiht nu totol ünner. De hett Sweetperlen up de hoge Stirn, he hett Angst, dat den lütten Schreihals de Luff wegblivt. Rotlos mit de Bibel in de Hand (de Gebruuksanwiesung för de Himmelsledder) kiekt he vertwiebelt up dat brüllende, lüttje Kraftpaket.

De Mudder bört den Schreihals hoch un kloppt em sachte beruhigend up'm Puckel. Baby is ok glieks still, gnuckst een poormoll un spuckt Mama sinen Fröhstücksbrei öber dat nee, helle Köstüm.

Papa is erschüttert, ritt si'n Taschendok ruut un verrivt Babys Brei önnig breet uteenanner. Mama wischt den Kinnerkopp dröge.

Baby kikt üm sik, nimmt den Paster in't Visier un lacht em breet to.

De löst sik ut sine Erstarrung, seufzt swor up un kriggt eene goode Ingebung to de Abschlusspredigt tostanne.

»Leebe Gemeende! Solange in düt Gotteshus noch ut Babymund luute Kunde kummt, solange is de Karken noch lebennig un bruukt sik üm Predig-Nowass keene Sorgen to moken! Lot us gemeensom singen: »Oh, dass ich tausend Zungen hätte und einen tausendfachen Mund ...«

De lüttje Irrtum ...

Dat wör all väle Sönndage her, seitdem Jehann dat leste Moll inne Karken wäsen is.

He hett dor nu moll enfach keene Lust to, un so'n bäten vonne Bibel kennt he noch ut'n Konfermandenünnerricht von fröher.

Dat betont he jümmer bi Gesche, sine Fro, wenn se em wedder bitten deit, doch moll mit ehr no Karken to goh'n. He vertellt ehr ut Jux un Dulleree, dat de Bibel de Gebruuksanwiesung för de Himmelsledder is. Denn driff he dat up de Spitze, wenn he Gesche vertellt, dat de Karken doch bloß een groodet Huus is, worin de Paster den leeben Gott verehrt un de Fronslüde den Paster.

De Karken wör de Ort, wo de Paster vonnen Heben Wunnerdinge vertellt, obwoll he doch noch nie nich dor boben wäden is - un düt prädigt de vör Minschen, de dor siker nich ankommen dot!

Prädiger sünd offmols Minschen, de seggt: »Tut, was ich sage, nicht, was ich tue!« -

Jehhann denkt sik, dat de Karken de enzige Ort is, wo eener to em snackt un he nich to antwurten bruukt. De enzige Moment, wo he sine Fräten wiet oprieten draff, is bi'n Tähndokter.

Jehann grient sik eent as he denkt: »Wer böse snackt, hett si'n Vergnögen, wer aver böse hannelt, hett Erfolg.«

Sine Gesche is eene fliedige Karkengängerin. Se let keenen Söndag un keenen Fierdag ut, dat hört bi ehr dorto seit 45 Johren. Se weet jümmer, wer döft weern schall un wer doodgoh'n is un ok sons so allerhand Nees.

Gesche is jo bäten neeschierig, dat weet se sülmst. Se meent, dat Neeschierig wäden de Docht in de Kerze von't Lernen is. In düsse lange Tied hett se dree Pastoren inne Gemeende belävt.

Jehann kennt den neen Paster nich, man bloß so in'n Vörröbergoh'n vonnen Karkhoff her, as he mit Gesche dat Familjengraf in Ordnung mök.

Do wör de Karkenmeister eben stoh'n bläben un harr'n poor Würter secht.

Jehann kann sik keene Gesichter un Nomen marken, aver up technischet Gebiet is he nich to schlo'n. För twee Johr'n is he in Rente goh'n un wuselt üm dat Hus un inne Garoge rüm. Dat givt bi em nix Kaputtes, he kricht enfach allens heel. Binnen hett he afsolut nix to mell'n, ans so kricht he bannig Striet mit Gesche.

Af un to kummt aver doch moll Langewiel bi em up un he denkt ober annere Beschäftigung no. He schnackt mit Gesche: »Ik könn' jo man jeden Dag Kartuffeln schäl'n – wat meenst dorto?« –

»Nee, nee, kummt gor nich in Froge! Di'n Schälen kenn ik! Du mokst de Kartuffeln veereckig, Mann! Innen Huus kann ik di nich bruuken – aver töv moll – ik froch' Sönndag den neen Paster, de weet gewiß wat vör di!«

Gesecht un gedo'n, af Mondag kann Jehann sik in dat Gemeendehus un ümto beschäftigen. Dat sünd bet twee Stünnen annnen Dag, aver dat mokt em Spoß mit si'n handwarklichet Geschick.

He geiht ok inne Karken, wo he no de Gottesdeenste allens torecht stellt un dat Licht utmokt. He kricht masse Lüde to seh'n un to snacken.

An eenen Sönndagnorn hüng an de Karkendör een groodet Plakat mit de Upschrift:»Weißt du, was Höllenqualen sind?«

Ünner düssen Satz harr een Witzbold schräben: »Wenn nicht, dann komm hierher und hör dir den Organisten mal an!«

Eenmoll mösst Jehann as Vertetung von den kranken Diakon in sinen besten Antog an de openen Karkendör stoh'n un de Karkgängers begröten.

De wörn fründlich un freiten sik, dat Sönndag wör. Jehann woll jüst de Dör tomoken, de Glocken klüngen mächtig, as noch een Nachzügler anlopen köm.

De lange swarte Mantel weihte üm em to ... He harr een Book ünnern Arm klemmt un harr dat ilig.

Jehann ritt vör em de Dör open un begrüßt den Nachzügler jüst so, as he dat mit de anneren do'n harr.

»Schönen gooden Morn, good, dat Se hüte ok moll kaumen sünd!«

»Danke bester Mann, ik komme jeden Sönndag!«, löt sik de Keerl vernähmen, güng up den Altar to un bröcht den Gottesdeenst ingang!

De Paster kummt so nich füdder!

De Paster giv sik Möhe, de neen Konfermanden den Globen richtig to vermiddeln. He hett dat Geföhl, dat se noch nich väl öber de Gotteslehre wät. Se hebbt siker in Religion pennt.

He well jem verkloren, wat een glücklicher Tofall is, un wat dat mit den leeben Gott up sik hett. Dorto vertellt he een enfachet Bispell: »Nehmt wi doch moll an, een Keerl is boben up'm Eifelturm un fallt runner. Em passeert aver nix. Wat is dat denn?«

»He hett Sauglück hat!«, ropt Hannes.

De Paster versocht nochmoll, de Kinner up enfachem Weg Gottes Güte un Hülpe to verkloren: »Nää - aver egol! - Nehmt wi an, he fallt een tweetet Moll vonnen Eifelturm runner, un em passeert wedder nix. Wat is dat denn?«

»Nix as Training!«, ropt Peter.

De Paster kummt nich togange mit si'n Bispell vonnen Eifelturm, aver he giv nich up.

»Nää - aver egol. - Nehmt wi an, he fallt een drüttet Moll vonnen Eifelturm, aver wedder passeert em nix - weet eener nu, wat dat is?«

Ropt eener luut von achtern: »Een grooden Idiot! Wer fallt denn woll dree Moll vonnen Eifelturm!!«

Oh jemine, de Pubertät!

Wenn'n sik mit junge Minschen af Veerteihn ünnerholen deit, hört sik dat mannigmoll an as'n Verhör mit Geheimagenten.

»Wat hebbt ji denn gistern mokt?«

»Öhh – nix!«

»So, un wer wör denn noch mit dorbi?«

»Kennste doch nich!«

»Wo wör'n ji denn togange?«

»Null Ahnung – aver nu hebb ik genog vertellt!«

Och, düsse Pubertät! Niemols innen Läben is de Minsch so döreenanner un gliektiedig so siker, den afsoluten Dörblick to hebben, as in düsse Tiet. De Pubertät is dat Öller, wo sik een Jungminsch denkt, dat sine Öllern von Nix eene Ahnung hebbt, De Öllern fangt nämlich an, schwierig un gans peinlich to weern.

In Würklichkeit wät wohrhaftig väle pubertierende Bengels nich, ob se Deerns knutschen udder verprügeln schüllt. De Intritt in dat Erwassenen-Läben mutt irstmoll dörlävt weern.

»Ihr seid peinlich, zum Schämen!«, heet dat, wenn de Öllern jem dezent up Fehlers henwiest.

Dat Schlimmste an'n Frömdschämen för de Öllern is jo, dat de pubertierende Nowass nich glövhaft för de annern Pubertiere versikern kann, dat he rein gor nix mit de peinlichen Öllern to do'n hett.

»Ihr ward nur wieder peinlich und ihr versteht mich überhaupt nicht!«, kriegt de armen Öllern vör'n Kopp knallt, wenn se dat goot meent.

Meist sünd se peinlich, besonners denn, wenn de Jungminschen Besök hebt. An'n besten mokt sik Öllern unsichtbor. denn is jem de besonnere Status »Cool« siker.

Gans peinlich ward dat, wenn de Öllern up Jung-Partys upduukt. Wenn se moll de Danzbeene schwingt, well de Nowass an'n leevsten innen Bodden sacken.

»Senioren-Schieben« is bloß peinlich! Vör de Gören sünd de Öllern »Kalkleisten«, wenn se twüschen 40 un 50 sünd.

So is dat all jümmer weden: Wenn de Pubertät vörbi is, künnt de Öllern de besten Partner weern.

De Pubertät kann jede Norm sprengen, un de Ertehung schient vergävlich, aver dat legt sik wedder, meistens jedenfalls. Pubertät is, wenn de Öllern schwierig weerd.

Jedereen weet, dat Fehler to'n Läben hört. Fehler künnt de besten Lehrmeister wäden. Teenager Susi is bi Oma to besök. »Na Kind, wo geiht di dat?«, frogt de leeve Oma. »Och, geht so, Omi! Nur mit deiner Tochter und deinem Schwiegersohn habe ich in letzter Zeit immer Probleme!«

Dat Tohopenläben mit pubertierende Kinner is bloß to verdrägen, wenn de Öllern dat mit Humor bewältigt.

Familjäre Alldags-Strietereen lot sik mit'n gehörige Portschon Gelotenheit un Nosicht lichter bewältigen. Irgendwann is de Pubertät jo vörbi – spätstens mit 25 Johren aver gewiss!

Dat Natürliche innen Läben regelt sik von gans alleen. Een Schild mit düsse Upschrift an de Zimmerdör von dat Pubertier kann hölpen: »Dieser Mensch befindet sich zur Zeit im Umbau. Er braucht Verständnis!«

De Smartphon-Wunsch

Oma Tildes Enkel Ole hett den Kinnergoern achter sik un ward düt Johr inscholt. Dor is he gans stolt up, nu is he nämlich groot!

Bald köpt sine Öllern de bunte Schooltuten, dor freit Ole sik all bannig up. Aver noch mehr würd' he sik up den Inhalt frei'n, wenn de denn in sinen Sinn is. He wünscht sik keen Handy, sonnern een Smartphon, wo man bloß so mit de Hand öberweg strieken bruukt. Natürlich mutt dat Togang to'n Internet hebben.

Sine Öllern köpt em dat siker nich, aver Oma Tilde, de hett em noch nie nich eenen Wunsch afslogen.

Annen nächsten Dag sitt he bi Oma Tilde un schwärmt von so'n Smartphon. Oma weet nich, wat dat is, se kennt bloß de normolen Handys. »Och Oma!«, ropt Ole »So'n unmodernet Dings dögt doch bloß för'n Kinnergoern! Dat is nix för de School!«

Oma Tilde erinnert sik, dat Ole ehr moll vertellt hett, dat he sik innen Kinnergoern morns mit de lüttje, söte Sonny anfründ, sik aver nomiddags all wedder affründ harr. De Grund wör si'n Appel, den he mit ehr deelt harr. Sonny aver woll de Appelhölfte nich äten, weil de bäten suer wör un verschenk' de an Jens.

Doröber wör Ole argerlich. Von sine irste Leeve harr he sik mehr erhofft un nu harr he eenen Rivalen, de in den halben Appel rinbeet. Düssen Jens könn he up'm Dot nich utstoh'n!

Entsloten un mannhaft schöv he de Hänne in de Böxentaschen un güng up Sonny to. Mündlich mök he ehr klor, dat de Fründschap ut wör. Sülmst wenn he een Handy hat harr, wör dat nich per SMS goh'n. Dat harr denn doran legen, dat he dat Alphabet nich kenn'. Aver dat änner sik jo demnächst inne Schoole.

De plietsche Ole denkt sik, dat he in een poor Monoten so wiet is, dat he lesen un schrieben kann.

Denn schöll dat keen Problem wäden, de Smartphon-Funktschonen intus to kriegen – wenn Oma Tilde em dat Deel hoffentlich spendeert, Denn well he dat technisch so uptorüsten, as wenn he bi'n FBI wör.

Jau züh, un wenn he denn 'n Derrn goot find', hett he de innerhalv von poor Minuten elektronisch anbaggert – wenn se ok een Smartphon hett. Dat hett doch wat! He könn ehr Smileys schicken un se könn em ok wat schicken. Villicht Herzchen-Biller udder so ... Zettel schrieben mit: »Heste Lust, mit mi to goh'n?«, is jo so wat von out! Un denn könnten se sik as Leevespoor mit anstiegenden Frequenzen Norichten, Fotos un Filme schicken, bet de Daten-Volumengrenze sprengen dö.

Jau, un wenn se sik denn nich mehr liern möchten, so no een poor Dagen, kann'n jo enfach digitalen Schluss moken. Mann, dat wör doch obercool!

Oma Tilde schüddelt den Kopp: »Och Junge! Wenn dat olle Smartphon moll kaputt is, weeßt du nix öber dine Ümwelt, weil du anduernd dat Gerät vör de Näse hest. Dat gefallt mi nich!«

»Oma!«, ropt Ole »Du, de meisten Schoolkinner kriegt vandage von de Öllern Smartphons mit egene Apps!«

Oma kennt Smartphons nich un ok keene Apps. Se argert sik öber de moderne Telefonitis – dat kann doch nich goot wäden! Se kikt Ole fünsch an: »Eens segge ik di Jung! Lehr du irstmoll Reknen un Schrieben, leiste wat Önniget in punkto Noten! Dat is väl wichtiger as'n Smartphon! Ik schenk di een Würterbook. Un jeden Dag gesunne Äppels!«

De lüttje Ünnerscheed

Dat Minschlichste von dat Minschliche is de lüttje Ünnerscheed , de dat Leben würklich intressant mokt. Wat wör de Minsch denn bloß ohne em!

De lüttje Ünnerscheed hett de Minschheit to allen Tieden beschäftigt, un deit dat bet hüte. Aver wat is denn de lüttje Ünnerscheed?

Gans klor – dat weet doch jedet Kind – de Ünnerscheed twüschen Keerl un Fro. De twee Geschlechter hebbt gewisse Besonnerheiten uptowiesen.

In Milljonen von Johren hebbt sik de Geschlechter füdder entwickelt, un ok de Weerte un Normen twüschen jem. Aver de antehende un fesselnde Wirkung twüschen Mann un Fro blivt gewiss fö jümmer bestoh'n.

Aver wie is hüte egentlich dat Verholen twüschen de Geschlechter? Sünd se würklich gans un gor glieksberechtigt? Wer hett noch jümmer mehr Weert, Keerl udder Fro?

Dat sünd berechtigte Frogen, worüm ans givt dat de Emanzipatschon? Glieken Lohn för glieke Arbeit is leider noch jümmer nich Sülmstvertand.

Dat givt stupide Keerls inne Republik, de meent jümmer noch, de Froen hört annen Herd. Nix mitkreegen hebbt de Spezies bet vandage: »Köken, Kinner, Karken gelt för de Froen!«

Leider sünd se dormit up'm Holtweg, denn seit veelen Johren gelt för de meisten Froen de dree Bs: »Beruf, Bankkonto, Bettboy« – dat leste B natürlich mit Ogenplinkern.

Alice Schwarzer hett seggt: »De wohre Emanzipatschon is dat Inbinden von fähigen Froen in verantwurtliche Positschonen.«

Emanzipatschon heet jo nich, den Keerl kleentokriegen, vör allen Dingen bloß nich an de verkehrten Stell'!

Vandage givt dat Fronslüde in Führungspositschonen. Worüm denn nich?

De künnt dat genau so good as de Keerlslüde. Jeder mutt ruutfinnen, wo siene Fähigkeiten sünd, egol, ob Keerl udder Fro.

Oberhaupt keene Froge twüschen de Geschlechter is de Erotik. Jeder hett se, jeder nutzt se. Mit de Erotik is de Bestand vonne Minschheit nich in Gefohr. Erotik is de raffineerte Mischung von Brandstifter un Füerwehr.

Wenn'n torücht denkt an den Anfang von de Minschengeschichte, bet hen no Adam, wat dat klor, dat he eenen Vördeel harr. He harr nämlich keene Schwiegermudder un an em wör rein gor nix plagiiert. Eva wör de von Gott ümformte un verbeeterte Utgabe von Adam.

Se wör de i-Punkt up de Schöpfung. Se wör week un rund, desterwägen passten de beiden herrlich tohopen.

De Wiehnachstiet

De Dage fleegt dorhen as flüchtige Wulken un wedder is de Wiehnachstiet dor. Wat is een Johr? 365 Dage, de rümgoht as nix. Jeder Dag verfügt öber 24 Stünnen, so as jümmer.

An wat mag dat liggen, dat een Johr no use Empfinnen so gauh to Enne geiht? Plant de Minsch sine Dage wiet in Vörrut, üm möglichst väle Termine to bewältigen? Üm de Karrierlettern wiet no boben to schaffen? »Tiet is Geld!« Keen goet Sreekwurt!

Jüst nu in de Wiehnachstiet mössten wi us Gedanken moken un us glücklich schätzen, dat us dat goot geiht, an de Minschen denken, de in Kriege un Verfolgung lävt.

Lüe, vergät de Alldagshetze, nutzt de besinnlichen Dage, üm Gemeensomkeit un Harmonie entstoh'n to loten. Wiehnachten draff nich bloß ut Geschenke bestoh'n. Dat mutt keen hektischet Drieben geben.

Väle Minschen verstoht hüte nich mehr den Sinn von Wiehnachten. Se kennt nichmoll den christlichen Achtergrund, wo lävt de egentlich? Kriegt de Kinner doröber nix mehr to wäten? Sünd bloß noch Fernseher, Computers un Play-Stationen wichtig?

Wi fiert Wiehnachten den Geburtsdag von Jesus Christus. Un de is nich de Wiehnachsmann! Mit de Jesus-Geburt füng use Tietreeknung an.

Leider beherrscht dat Konsumdenken de Wiehnachstieten.

Düt Johr fallt Hilligavend up Sönndag. Nu is totsächlich öberlegt wurn, ob eben an düssen Sönndag nich de Geschäfte open hebbt. Na denn – schöne Wiehnachten för all dejenigen, de arbeiten möt!

Ik wünsch mi in düt Johr Wiehnachten as dat fröher wör. Keen Hetzen för de Bescherung, keen Schenken enfach so ohne Sinn. Keene Upwändigkeiten, keene Unruhe.

Ik wünsch mi eene stille Nacht mit ganz väl Sternenpracht. Ik wünsch mi mehr Minschlichkeit un Achtsamkeit för jeden. Ik wünsch mi, dat Kriege, Profitdenken un Ümweltzerstörung uphört.

Ik wünsch mi enfach eene Wiehnachten, as ik se as Kind belävt hebb. Dat wör eenmoll, lange isset her – dor wör so wenig un doch so väl mehr!

Dönner un Doria!

Ufff ... is dat heet! Verdammich schwül, dat rükt no Gewitter. De Luft steiht un keen Blatt rögt sik. Sauna-Wedder!

De Sünne gleiht stickig von'n Heben, as wenn se dat Land verbrennen well. Dicke witte Wulkenbarge schuuvt sik tohopen. Annen westlichen Horizont türmt sik Cumulonimbus-Wulken up. Experten vonnen Wedderdeenst nömt düsse Wulkengebilde so.

Langson bild' düsse Wulken eene dichte Front un teht groot un düster up. Uiih- dat süht gefährlich ut! Düsse dichte, swarte Front kummt mit deepe Grummelee nöger. De Sünne hett sik all wegduukt achter düstere Wulken.

Eene unheimliche Atmosphäre mokt sik breet. Keen Luut is to hören, uter de irsten luten Dönnerschläge. De Blitze zuckt gräsig hell un zackig dör de swarte Schicht. Eene ohrenbetäubende Knalleree brikt los. Wind haut schlagortig los. Mann - de hett dat aver ilig - binnen Sekunnen is he een Störm. Sine Höchstgeswinnigkeit sprengt all Normen!

De Böme bögt sik wiet dol un weerd gnadenlos hen un her zauselt. De Wulken füert ehre Blitze dol un de Dönnerschläge brackert dör de Luft. Dönner un Doria, dat geiht aver af - grelle Blitze un gewaltige Knäteree beherrscht Heben un Eer.

Blitz un Dönner kaumt jümmer to sülbigen Tiet, aver de Blitz is ehrder to seh'n, weil dat Licht sik schneller bewegt as de Schall. De elektrische Strom heizt de Luft in körtester Tied so up, dat se sik schlagortig utdehnt. Dorbi kummt een Knall tostanne, denn wi Minschen as Dönner wohrnehmt.

Düt Naturschauspell is gigantisch, aver ok gefährlich. De Blitz nimmt jümmer den schnellsten Weg no de Eer, dorüm sleit he meist in dat Höchste in.

In de Wulken wirbelt Störm, Hagel un Regen döreenanner. Dorbi bild' sik elektrische Energien, de sik dör Blitze entladen dot. Nu geiht dat man bloß Blitz un Krach, dat Unwedder steiht direkt ober us. Endlich fallt Regen dol, irst zögerlich, aver denn as ut Wannen.

Gewitter reinigt de Luft. Achterher isset wedder herrlich frisch, as dat Gewitter aftüht.

Wünschensweert is, wenn dat twüschen strietenden Minschen af un an ok moll een reinigendet Gewitter geevt. Is doch de notürlichste Sake vonne Welt. De Natur mokt us dat vör.

Von Kohl un Pinkel

In use Gegend hier kennt woll jeder Kohl un Pinkel. Dat is dat beste Äten von us Norddütschen, wenn dat richtig kolt weern deit.

Innen Novemmer, wenn de irsten Nachtfröste wäden sünd, giv' dat wedder Kohl- un Pinkeltouren. Dorbi spält dat Gesellige eene groode Rulle, denn de Kohlfohrt un -wannerungen sind een schönet Gemeenschapsbelävnis. Dorbi weerd Späl un Spoß mokt. Achterran ward de Kohlkönig udder - königin wählt.

Dat is meist dejenige, de am meisten mampfen deit. Je no Bruuktum ward em udder ehr de Kohlpalme udder een angemoltet, tierischet Gebiss ümhangt, dorbi kriggt de Kohlwürdendräger noch'n deftigen Spruch verpasst.

»Glücklich ist, der verfrisst, was nicht zu versaufen ist!«

Grönkohl udder Brunkohl kummt ursprünglich ut dat Atlasgebirge innen Norden von Afriko. De Berber hebbt domols dat Kohlgewächs nich äten möcht un em as fieset Unkrut beschimpt. Loterhen hebbt de Wikinger den Kohl von ehre Middelmeerkrüz- un räuberfohrten mitbrocht un em as Zierplanten in ehre Goerns anplant. Dat wör so üm de Tied 800 bet 900 no Chr.

As dat gans knappe un mogere Tieden geevt, hebbt de Minschen ut Not begräpen, dat se dat Gröntüg äten könn'n.

Ehr Gott Wotan, so vertellt us de Sage, hett jem loterhen de Erleuchtung gäben, dat se de Strünke mit de krusen Blöer no de Nachtfröste nich bloß äten, sonnern bestens geneten können: nämlich mit Speck, Grütte un dorto wat scharpet Alkoholischet.

Süh, un so ward Kohl bet hüte noch Johr för Johr bi us innen Norden kokt, mit veel Fett un alkoholische Gedränke, de üm Wotans Willen bloß nich fählen dröft! De Kohl blivt siker dat Andenken doran, dat he use Vörfohren ut Not un Elend rett' hett.

Dat so eene deftige Fräteree up den Mogen sleit, den Blootdruck no boben drivt un de Leber to'n Vertwiebeln drivt, kann jeder begriepen, de sik moll annen Kohl oberfräten hett. Aver väle rasante Fräter, de sik bet bobenhen vullslot, seht dat as Ruutfödderung an ehrt Innenleben an.

De Grönkohl an sik is de Gesünneste ünner de Kohlsorten mit all ehre Mineralien. Aver dat Beste an de Kohläteree sünd de deftigen Wust- un Fleeschplatten. Jau, un somit spält de Grönkohl dorbi man bloß noch eene lüttje Rulle. De bekannte Kohlmohltied besteiht ut eenen dampenden Fleeschhopen, önnig Kantüffeln un beten Grönkohl annen Rand vonnen Töller.

So'ne gewaltige Mohltied lett sik bloß von Minschen bewältigen, de sik besonners up Mampfen un Vullslon von ehren Wanst bestens verstoht. Bi so eene groode Fräteree bruukt man enige Mengen an Beer un Korn.

Dorbi schall den Fräter woll de Sweet utbräken, wenn he rinmöbelt, wat bloß ringohn well. Achterran kummt he denn gewiss inne Not mit de Luft von boben un ünnen. Dorbi lett mannigeen de Sau ok richtig ruut. In sinen Rausch süht de Minsch de Höhen von dat Leben un nüchtern süht he denn de Afgrünne.

Jeder schall jo an wat glöben. Manch een glövt, he bestellt sik leever noch'n Beer. Un wer Wienbrände gans tapfer mit Obstwater bekämpft, hett sik dat Beer doch woll nu würklich verdeent! Man mutt wäten, dat een ümgesmeetenet Glas Beer Alkoholmissbruuk is.

Aver Kohläten geiht ok anners un mokt ok mehr Spoß mit anstännigen Dischmaneeren. Nich jeder Kohläter is een Frät- un Suupsack, de inne Gruppe mit'n Snapsglas annen Band üm den Hals dör de Gegend lopt. He hett enfach Spoß an de Sake mit den Kohl.

In de Bremer Gegend seggt man Brunkohl, de Neddersassen-Kohlleevhabers nennt em Grönkohl.

Aver wichtig is: Dat Kohläten inne Gesellschap is Traditschon un dorto hört jo nu moll Alkohol. Dat ganse Gelage kann'n good wegstäken, wenn önnig danzt un lacht ward.

Dorbi kaumt de Ingeweide önnich ingange. Wenn de Kopp denn wehdeit - bet to de nächste Kohlsaison is dat vergäten!

Dat is wedder moll sowiet, nu kummt de schöne Grönkohltied.
Grönkohl up'm Disch mokt groode Freid,
Grönkohl, wat büst du vonne Herrlichkeit!

Erinnerung an Frollein Tews

Jedet Johr dreept sik regelmäßig twölf öllere Manns- un Fronsminschen in ehre Stammkneipe. Se wören in de ole Dörpsschool, de dat all lange nich mehr givt, von Frollein Klara Tews ünnericht wurn. As dat fröher so wör, acht Schooljohre lang.

Nu wör't wedder sowiet un se seeten tohopen. Kalli Lenz, de Öllste, höl eene körte Anspraake: »Dag ok, Deerns un Jungs, hartlich willkommen to use Erinnerungs-Stünnen an Frollein Tews, de beste Schoolmesterin aller Tieten!

Seit twintig Johren liggt se nu all ünnere Eer, aver se blivt unvergäten. Wat se us up strenge Art un Wies' an Wäten bibrocht hett, sitt noch vandage in use Köppe. Ut us is wat wurn, dank Frollein Tews.

Väle von us künnt nich mehr dorbi wäden, lot us eene Gedenkminuten moken.«

Andächtig stünnen se mit mit geneigte Köppe. Aver denn bi Koffee un Koken güng de Vertelleree los.

»Och jau, Frollein Tews!«, röp Käthe. »Ik seh se noch vör mi, mager, knokig, mit grauer Herrenfrisur, strengem Feldmarschallgesicht, un klore blaue Ogen achter de sülbern Nickelbrill'.«

»So wör se, genauso!«, plicht' Jan Cohrs ehr bi. »Keene Ogenweide, aver dorför harr se so väl inne Birne, dat se ok ohne Schoolböker trechte kaumen wör. Un dörbrocht hett se jeden, ok den dösigen Hinnerk, de nix könn, aver loterhen wör he de Baaß vonne Genossenschap!

Wät ji noch, as se in den Ruhestand versett wör? Un wo trorig se wör? Lange Johre hett se noch Nohülpe bi de Lütten geben, un jümmer löp se in Lodenmantel un Wannerschoh dör de Gegend.

Us' Mudder hett ehr moll frogt, ob se egentlich gor keene Angst vörn Dode harr. »Nää«, hett Frollein Tews seggt, dor harr se oberhaupt keene

Angst vör. Un Mudder dorup ängstlich: »Aver man weet jo nich, wat dor drüben – ik meen achterher – wat denn so kummt.«

»Och, beste Fro Cohrs, dor quäl ik mi nu doch nich üm!«, hett Frollein Tews seggt. »Se wät doch, wo dat so is: As ik in de Welt rinköm, un dor nix von kennen dö, do wör dat so vörseh'n, dat dor eene Hebamme wör, de hülp mi rin. Nu denk ik mi: Wenn ik nu moll wedder ruut schall ut düsse Welt, denn ward dor woll för mi sorgt wäden. Denn givt dat siker eenen, de mi denn drüben rinhölpt!«

Fröher wör dat so

Inne Bueree geevt dat Hülpen, de wören Mägde un Knechte nöhmt.

Hüte sünd dat landwirtschaftliche Gehilfen. Ohne düsse Minschen kummt man ok hüte nicht torechte. De weerd jümmer bruukt.

Fröeher hett sik eene Magd bi de Buersfamilje vörstellt, de Arbeit söken dö.

De Buer harr groodet Gefall'n an de Deern, se wör ok glieks instellt in de Hoffnung, dat se lange blieben dö. Dat geevt massenhaft Arbeit up'm Hoff un innen Huuse.

De Magd wör risch wussen un harr twee gesunne Hänne, un se woll düchtig ranlangen.

Aver de Buer markte glieks, dat se innen Kopp nich gans so helle wör as se utkieken dö. Se rappel' luut druplos mit'n Mundwark, aver dorbi verdreihte se de Würter von achtern no vörn. Schienbor wör'n in ehrt Gehirn von de Milljonen Zellen doch einige gans leddig bläben.

De Buersfamilje harr twee Frömdenzimmer mit Schrank, Kommode, Disch un Stohl un'n Bett dorbinnen. De nee Magd schöll sik man eent utsöken. Se bekeek sik beide Zimmer gans genau, öberlegte hen un her. Denn woll se dat Zimmer, wo een groodet Bild ober'n Bett hangen dö. Up dat Bild wör een Krüz to seh'n, dor ünner stünn een Sprök: »Und der Herr wird immer bei dir sein!«

Düt Zimmer wör bedütend lüttjer as dat annere, aver se woll unbedingt düt hebben. De Deern könn düchdig anpacken un de Familje wör mit ehr tofräden. Se kömen all' good miteenanner ut. Avends güng de Magd nie lot in't Bett, se güng ok nich ut.

Wenn se »Goode Nacht« wünschen dö, bleevt se noch eben stoh'n un keek den Buern dorbi stief inne Ogen. Keener begreep, wat dat bedüten schöll, un frogen woll'n se de Magd nich.

De Tied vergüng, aver de Arbeit nie nich. De Magd wör all'n Veddeljohr up'm Hoff un mök jümmer noch goode Arbeit. Aver se dachte väl no, un eenes Dages seggt' se to sik: »Dat hett jo keenen Sinn mehr, dat ik hier noch blieben do!«

Se güng no den Buern hen un hett künnigt. Se woll weg, annen Leevsten all den anneren Dag.

De Buer füll ut allen Wulken un woll wäten, worüm se denn weg woll. De Buersfro frögt ehr nochmoll. »Wat hest du denn för'n Grund, gefallt di dat nich mehr bi us?«

De Magd antwurte: »Jau, gefall'n deit mi dat bi jo! Aver kiek moll: Över min Bett, dor hangt een Spröк, an den ik glövt hebb: ›Und der Herr wird immer bei dir sein!‹ Aver de Herr is nich eenmoll bi mi wesen!!«

Frömde Minschen op de Straaten

Tante Trude regt sik mächtig up, weil ehr op de Straaten Afrikaner begegnet sünd. »Dat sünd Keerls, de up use Kösten hier leben wüllt!«

In de Oderstraate, wo Tante Trude wohnt, hett de Gemeende ses junge Afrikaner ut Somalia een Huus towiest. Düsse Minschen möt sik irstmoll erholen un to sik kaumen von ehre Flucht vör de Terror-Milizen. Se mössen allens achterloten, hebbt man bloß ehrt Läben retten könnt. Se verstoht use Spraake nich.

Tante Trude is een erz-konservativet Fronsminsch. Man bloß ehre Meenung gelt. Se hett den 2. Weltkrieg mit Angst un Schrecken belävt. Nu is se eene quakike Fro mit Öllers-Gebräken. Väles lett man ehr dörgoh'. Wenn'n ehr verkloren deit, ünner wat för gräsige Ümstänne de Afrikaner flüchten mössten, winkt se af. »De möt wedder dorhen, wo se herkaumen sünd!«

Schlimm is dat, wenn ik Tante Trude to'n Inköpen udder no'n Dokter begleite. Süht se eenen frömdartigen Minschen, ropt se: »Nu kiek moll an! Wedder so'n Annern, de sik dat hier goodgoh'n lett! «

Ik kann ehr dat nich wiesmoken, dat väle Utlänner nich freewillig hier sünd ... Aver denn is wat passeert! Ik wör wedder moll bi Tante Trude.

»Du!«, röp se »Ik bruuk noch'n poor Kleenigkeiten. Geihst du mit mi eben no'n Koopmann ?«

Ehre Tasche hüng an den Rollator, un wi schöben langsom los. Se bleevt stoh'n un wöhl in de Taschen. »Ik weet nich, ob ik genog Geld mithebbe - mutt eben kieken.«

Un denn güng dat wedder vörwarts. Us kömen fründlich nickoppend de ses Afrikaner inne Möte. Se möken Platz vör us. Oh, nu köm Tante Trude in Fohrt! Irst moll hett se düchtig schluckt un denn röp se: »Ji frömden Minschen, goht bloß weg!«

Ik wör entsetzt un genauso keeken de Frömden, tuckten mit de Schullern, güngen füdder. Ik mösst Tante Trude beruhigen, hebb mit ehr schimpt. Se zitter' annen gansen Körper.

»Düsse Minschen sind use Ünnergang. Dat du dat nich begrippst!«

Up eenmoll röp dat achter us.

»Hey, sorry ...« Ik dreih' mi üm. Een Afrikaner höl' us eenen 20 Euro-Schien hen.

»Ladys, have you lost this?« –

Ik keek verdutzt.

»Yes, yes ... I found it just!«, betonte de Afrikaner.

Tante Trude wör gans baff, se harr nix to Wurt. Se kreegt ehrt Portmonai ruut un röp: »Mi fehlt de Twintiger – Minschenskind, wie kummt de Minsch dor denn an?«

»Tante Trude, he hett den Schien op de Straat funnen. Den hest du siker bi'n Geldnotellen ut di'n Portmonai rutwöhlt!«, röp ik.

Se nöhm den Frömden den Geldschien af un woll enfach so füddergoh'n, peinlich! Ik hebb mi bi den ehrlichen Finder välmols bedankt. He mök 'n Diener un lächel' mi an. Dat güng mi to Harten. He hett us wiest, dat Lächeln nich weh deit un gor nix köst. Lächeln kann gans väl bewirken!

Dat is eene Macht un kann Läbens-Philosophie bedüten. Wenn sik Minschen dreept un de Frage kummt, welke Natschonalitäten de enkelten hebbt, wünsch ik mi düsse Antwurt: »Mine Natschonalität is Minsch!«

Geslllschapliche Verännerungen

Use Gesellschap verännert sik rapide. Dat givt väl weniger Kinner. De Kinner von gistern sünd de Erwassenen von hüte. Düsse Lüde stellt sik vör, dat se mit Partner för jümmer tohopen blieven künnt. Welke trot sik sogor – un lot sik troen. Längerfristig holt väle Ehepoore dat miteenanner ut, aver de Scheidungen nähmt to. Poore gävt sik oft keene Chance, ehrt Eheschipp wedder klor to moken, se snackt nich moll mehr miteenanner.

Offmolls sünd Fründe wichtiger as de egene Partner. Dormit goht fröhere Ehe-Weertvörstellungen bookstäblich fleitschen.

Vandage ward all to Beginn von eene Betehung dat groode Ideol ansträvt. Man mutt up jeden Fall perfekt toeenanner passen. So wat geiht gor nich!

Wenn all to'n Anfang alles passen deit, mutt dat twangslöpig bedüten, dat de Entwickelung, de de Partner mit de Johren mokt, to Lasten von dat 100%ige Ideol geiht. Dat heet, dat geiht vull inne Böxen!

Denn leeber bloß de Hälfte Ideol, un 50% Luft no boben! Denn kann dat klappen.

Wenn hüttodage sülberne Hochtieden fiert weert, kriggt dat Seltenheitswert. Goll'ne Hochtieden weerd Raritäten. Wo hebbt düsse Poore dat bloß schafft, so lange miteenanner to läben? Siker hebbt se von Anfang an Geduld mit sik hat. Se harrn nich de Ideolvörstellungen, de dat hüte givt. Se hebbt sik tohopen lävt, un nich uteenanner!

Se hebbt sik striert un wedder verdrogen, se hebbt sik ünnerholen un Probleme utrümt. Se sind tohopen dör dick un dünn goh'n. Se wörn een Gespann un keener könn ohne den anneren, aver dat Wichtigste: Se hebbt sik ok innen Öller noch leev!

De Leev hett düsse Poore dör dat ganse Läben drogen, weil se de Achtung vöreenanner nie verloren hebbt. Ünner de Aschen hebbt se jümmer de Glut bewohrt.

De Ehe is de wichtigste Entdeckungsreise, de een Minsch ünnernähmen kann. Leeve un Ehe sünd beste Bündnispartner, aver läbenslange Garantien givt dat för jem nich. Ehe is mannigmoll eene Lotterie, wobi de Keerlslüde ehre Freeheit verleert, un de Fronslüde ehrt Glück up't Spell sett.

Ehe besteiht to'n grooden Deel ut Erfohrungen, de genau dat sünd, wat'n verkehrt mokt hett. Erfohrung is ok de Fähigkeit, sinen Partner Dinge to schenken, de he nich ümtuschen deit. Lestendlich sünd Erfohrungen de Johresringe von den Minschen.

De beste Ehefro weet, dat se nich perfekt is. De Ehemann is eener, de glövt, dat he de ideole Fro heirot hett. In de Ehe draff dat ok dönnern, aver de Blitze dröft bi Gott nich inslon, ans is de Ehe de Hauptursoke von allen Scheidungen.

Eene glückliche Ehe no langen Johren is de, wenn de Fro bäten blind, un de Keerl bäten taub is. So sind de Eheringe siker eene Tapferkeits-Utteeknung, de de Partner an ehre Finger drägt.

Nu kiek moll an!

Otto is 90 Johre old wor'n un hett noch önnig denn Schalk in sienen Nacken. Mannichmoll hett he Wehdage in den Puckel, dat Rheuma piesackt em, aver he lett sik nich ünnerkriegen.

Wenn he von fröher vertellt, blänkert sine blau'n Ogen.

Sömmerdags sitt he meist vör si'n Hus up de witten Bank twüschen rosa Rankelrosen un smökt bedächtig sine ole Piepen. Denn blast he geern Kringel ut Tobakdamp inne Luff.

Un he tövt up een, de moll'n poor Würter mit em snackt.

An sinen Gebursdag wör de Paster kommen un woll wat ut Ottos langet Leeben to wäten kriegen. Gans bedächtig damp' Otto sine Piepen an, mök önnige Wulken un füng an, to vertell'n.

»Min' Kinnertied wör nich enfach, wet Se, ik harr keen Vadder. Domols wör dat wat gans Slimmet, eene Fro mit'n Gör, ohne Keerl. Min' Mudder hett masse Spöttereen uthol'n mösst. Se hett nie heirot. Se meen', so eene as se dat wör, de woll keener. Se wör fliedig un schlau, se hett us beide gans goot dör brocht.

Domols hett se as Magd up een grooden Hoff den Deenst do'n, jo, un denn hebb ik mi bi ehr anmell't. De Bur woll ehr rutsmieten, as he marke, dat'n Kind kommen woll, aver se hett dat fertig kreegen, dat he ehr trotzdem beholen dö.

Loter hett se Arbeit inne Stadt funn'. Ik weet bloss man, dat ik as lüttje Büdel jeden Irsten inn' Monot no denn Buer hen mösst, üm hunnert Mark aftoholen för min' Mudder.

Jedetmoll geev' he mi dat mit'n gans vergrellte Snuten un denn pass' he as'n Scheethund up, dat sine Ulsche mi nich to seh'n, un von düsse monotliche Aktschon nix to wäten kreeg'. As ik denn achtteihn Johr olt wör, seggt' he gans scharp to mi: »Du büst nu vulljährig, seggt din Mudder, dat düt dat leste Geld is – nu hett dat endlich een Enn'! Segg' ehr dat un denn kiek moll, wie se denn woll kieken deit!« He füng luut an to lachen, dreih' sik üm un löt mi enfach stoh'n. Ik könn' düssen ekligen Keerl sowieso nich liern, un so wat schöll min Vadder wäden?.

Mit dat Geld schöv' ik af no Mudder un vertell' ehr de Geschichte. Se hör' mi to, grien' gans listig un meen' denn: »Goh' man glieks wedder hen no denn grooden, ingebillten Buern un vertell em önnig luut, dat du gor nich von em büst.

Un denn kiek du moll gans genau hen, wie he denn woll kieken deit!«

Kinner vertellt Lachhaftiget

Herkünfte

De Schoolmester verklort innen Ünnerricht öber Herkünfte: »Kinner, use Tahlen hebbt wi von de Araber, den Kalenner von de Römer un dat Glas von de Ägypter. Kann mi eener vo jo een ähnliket Bispell nömen?«

Maxi meld' sik: »Dat Plettisen hebbt wi von Schmitz, den Huulbessen von Fro Klemmer, dat Geld vonne Sporkasse, un minen jüngsten Broder von Onkel Walter!«

Statistik

Helma läst in de Zeitung un ropt: »Mammi, stell di bloß moll vör, wi kriegt villicht moll een richtiget Chinesenkind!«

»Een Chinesenkind?«, wunnert sik de Mammi

»Aver klor!«, behauptet Helma »Bet nu sünd wi doch dree Geschwister un hier steiht, jedet veerte Kind, dat to Welt kummt, een Chinese is!«

Versweet

»Seg moll, worüm hest du denn dine Vokabeln nich lehrt?«, frogt de Englischlehrer.

Karli antwurtet: »Ik wör gistern inne Sauna!«

»Jo, na und?«

»Allens versweet!«

Nadelöhr

In de Schoole weerd Spräkwürter vertellt. Jan kennt düt: »Geht ein Kamel durch ein Nadelöhr – aver ik hebb eene Frage: Wie kann man verhinnern, dat een Kamel dör een Nadelöhr geiht?« Keener weet dat, Jan verklort: »Man mokt em eenen Knütten innen Steert!«

Schielen

Olli vertellt inne School, dat sine Mudder neerdings gewaltig schielt. De Schoolmester well wäten, worüm. »Och, wät Se, Herr Schmitz«, antwurtet Olli »Dat is so, seidem use lütten Twillinge lopen künnt!«

Gans tröstlich

»Verdammig nochmoll!«, schimpt Hinni, as he an den lesten Dag vör de Ferien no Hus kummt.

»Düsse gräsigen Pauker! Vandage harrn wi dree Stünnen Englisch!«

»Tröste di man, min Jung.«

röp Mudder »Du, de Englänner hebbt dat den gansen Dag!«

Schnitzeljagd

Klausi hett Geburtsdag un sine Fründe sünd fiert mit em. Se hebbt Cola, Limo un Fritten in, un langwielt sik. Vadder well mit jem eene Schnitzeljagd moken. Begeistert goht alle los, bloß Matti blivt enfach sitten. Vadder well em mithebben, aver Matti lehnt af: »Dat geiht öberhaupt nich – ik bün Vegetarier!«

Kinners, Kinners!

Schoolmesters hebbt dat vandage innen Ünnericht bannig swor mit de Kinner, weil väle nich still sitten künnt, nich tohört un frech sünd.

Dat Wurt Disziplin is leider in välen Öllernhüsern een Frömdwurt. De Tügnisnoten sünd denn ok entspräkend. Latesdens af denn weerd de Öllern wak. Foken lastet se de schlechten Noten den Schoolmester an, weil de sik angävlich nich genog kümmert hett.

Aver em sünd de Hänne bunnen, he draff jo keenen Druck moken un hett ruhig to blieben. Fröher hett een Schoolmester ok moll 'n Klapps up'm Mors perpasst, wenn de Görn dat to dull dreeven. Hett siker keen een wat schad, aver vandage is dat verbor'n.

Wer nich glövt, wo dat so mannigmoll inne Schoolen togeiht, de schall sik enfach moll in eene Klasse achtern hensetten un tohör'n.

De Schoolmester tippt eenen dösenden Schöler an. De schreckt hoch un brummt: »Manno! Ik bün enfach jümmer möde - uter wenn ik slopen do, denn geiht dat!«

»Rüm moll dine Saken önnig von de Bank, Junge!«, ropt de Schoolmester. »Ey Mann, dat is keen Chaos! Se verstoht bloß mi'n Systhem nich!«

»Wo sünd dine Huusupgaben?«

»Hey Teacher, jetzt machen wir erstmal gar nix und denn warten wir ab!« Schoolmester: »Junge, so geiht dat nich! Du hest ohne Wäten keene Chance innen Berop!« -

»Was soll der Scheiß? Erwachsen werden? Ich mach ja viel Scheiss mit, aber nicht jeden!

Wenn mein Wecker rattert, stell ich mich tot, basta!«

De Klasse kann sik vör Lachen nich inkriegen, weil een Mitschöler de Beene innen Ünnericht up'm Disch liggen hett: »Is dat een geiler Typ, de Heiner! Enfach obercool, Mann! De drinkt sinen Kakao sogor ohne Melk.«

Düsse Utdrücke bringt den Schoolmester in Rage, aver he beherrscht sik un well wäten: »Worüm düsse blöden Würter ›geil‹ un ›cool?‹ Kennt ji keenen anneren Wurtschatz?«

»Menno, weil cool voll geil ist, aver geil is obercool!«

De Schoolmester versocht to verkloren, wo een Magnet funktschoneert: »Passt mol up, wer weet dat? Dat fangt mit ›M‹ an un bört Gegenstänne up, de rümliggt?«

Eener von Achtern lacht un ropt: »Ik weet dat - mine Mudder!«

Is doch to'n Vertwiebeln! De Schoolmester kummt enfach nich vörran innen Ünnerricht, weil de Hölfte von de Klasse ehre Frechheiten freen Lop lett.

He nimmt sik den größten Klookschieter vör, aver de antwurtet: »Ik bün nich verrückt, ik bün totol irre. Wen ik mit Intelligenz nich beindrucken kann, den verwirr' ik mit Blödsinn, capito? Wer keene Persönlichkeit hett, draff sik gern mit mine befoten. Minsch Teacher! Se hebbt doch eenen obercoolen Job! Glieks no de poor Johre Schoole goht Se af inne dicke Pengsion!«

Dat so een geplagter Schoolmester siker moll bi'n Nervendokter land', is gans klor.

»Snackt Se denn ok innen Slop?«, fangt de Dokter de Therapie an. »Nää, oberhaupt nich! Mi'n Problem is - ik snacke bloß, wenn annere slopt!«

Lach moll wedder!

Af un to schall sik de Minsch moll kranklachen, dat is gesund, jowoll!

Eene Froge: Worüm sünd de Italjener innen Dörschnitt lüttjer as de anneren Europäer? Weil ehre Mamas jem vertellt, dat se arbeiten möt, wenn se groot sünd.

Un? Bäten lacht? Hoffentlich.

Wät ji Keerls den Ünnerscheed twüschen Legosteene un schöne Froen?

Weet ji nich? Denn spält man füdder mit Legosteene! Minsch, lach moll wedder!

Lachen is good för Körper, Geist un Seele. Dat holt fit, bot Stress un Arger af. Stress is jo größtendeels een dör den Terminklenner oberdrägborer, gefährlicher Virus. Wenn'n dor nix gegen deit, mokt de den Minschen totol kaputt.

Lachen weckt Afwehrzellen in us, de Hölper-Zellen. Einige Forscher glövt, dat düsse Zellen hölpt, sogor Krebs to verhinnern.

Up jeden Fall is klor, dat Humor Infektschonen un Hartkrankheiten afwehren kann. Dörför giv't sogor Bewiese. Dat wät ok de Afthekers. Bi Komödien un lustigen Filmen is de Dörblotung innen Kopp väl bäter. Bi ernsten un dramitischen Filmen lett se stark no.

Wenn de Minsch von Harten lacht, weerd innen Gesicht 24 Muskeln in Gange sett un öber den gansen Körper segge un schriebe hunnert! Wenn dat keene gesunne Gymnastik is!

All 20 Sekunnen Gnikkereen entspreekt de körperliche Leistung von dree Minuten düchtig Rudern. Bevör ik Leistungssport mok, lach ik doch leeber! Lachen masseert öberflüssige Kalorien gans enfach weg.

Dat is keen Wunner, dat jümmer mehr Therapeuten de Heelkraft von Lachen ruutfinnen dot. Kinner mokt us dat vör, se lacht bet to 300 mal annen Dag, aver de Erwassenen man bloß 20 mal dörschnittlich. Dat is to wenig. Lachen is een allerbestet Medikament ohne trorige

Nebenwirkung. Lachen is eene Macht, de sogor de richtig Grooden up düsse Welt ansticken deit. Lachen bruukt keenen Dolmetscher, Lachen is de schönste Weltspraake.

Humor is de Versök, sik sülms nich jümmer wichtig to nehmen, sik gern moll up de Schüppen to nehmen. Scherze sünd offmols de Löker, ut de de Wohrheit ruut piept.

Wenn Falten innen Gesicht bloß de minschlichen Johresringe sünd, is dat trorig genog. Dat möt Lachfalten wäden, denn stört se nich. De Ogen glänzt, de Snuut is nich verkneepen, wenn de Minsch gern lacht.

Lacht doch väl mehr un glövt man, lachen mokt väles lichter. Minsch, lot di von Lachen ansticken. Dat kann di jung un gesund holen, gans egol wie olt du büst!

Lüe, nu ward dat echt spannend!

Krimis weerd nich mehr in de brodelnden Grootstädte mokt.

Neerdings sorgt ok in ruhigen Provinzen Schauspellers un Kameras för Upseh'n. Up'm Lanne weerd de Krimis mokt, Hochspannung un gruselige Beläfnisse sünd garanteert.

Düsse Krimis kriegt de in den Drehort wohnende Minschen all vörher mit, bevör de in't Fernsehen kaumt.

Achter dat Doppelglasfinster, mit de blickdichten Gardinen, süht de Minsch nachts gräsig bloodige Lieken innen schummerigen Mondlicht up de Straaten liggen. Dicht för sine Huusdör sünd se afmurkst wurn,(notürlich sünd dat Schauspeller, de sik doot stellt). Eene Uhl huult unheelsvull!

Och, wat is dat gruselig, wenn man jede Ecke innen Dörp kennt un nich weet, wo de Mörder is! Tscha, dor kann Till Schweiger mit sine Balleree un Bölkeree nich mitholen.

De Landkrimis sünd moll gans wat anneret as jümmer de Berichte ober de Globaliseerungs-Verhannelungen un de verbräkerischen Bankenkrisen. Se sünd de reinste Ünnerholung.

Jowoll, jüst in de ländlich, idyllischen Gegenden lot de Krimischriebers solke Afgrünne luern, dat den Tokieker de Blooddruck mit jeden Schuss un Schlag in ungeahnte Höhen klattert.

De Schriebers lot de Schrecken twüschen gröne Weiden, Mischwälder un blaue Badeseen gruselig upbleihen. So'n Krimi-Moker is een Minsch, de innen Düstern Gänsehut verköft.

De fertigen Krimis üm de twielichtigen Gestalten weerd, wenn se fertig sünd, dör'n Glotzkasten in de Stuuven von den Tokieker schickt.

Titel »Mord achtern Peerstall«.

Klor, de Tokieker is vörsichtig un dreiht den Huusdörslötel tweemoll üm. As he denn up de Mattschiev den vermutlichen Mörder in 'n

Düstern mit'n Scheetisen hanteern süht, grippt he sik dat groode Brokat-Sofakissen un holt sik dat vör't Gesicht – siker is siker! Man kann jo nie nich wäten!

Jau Lüe, von de Nordsee bet to'n Bodensee, vonnen Rhein bet achter de Saale spält de Schrecken.

Sogor twüschen de brunen Keihe, de friedensvull ehre Halsglocken bimmeln lot un dorbi sattgröne Allgäuweiden affrät, duukt Verbreekers up un weerd villicht jüst neben de brungrönen Kohfladen mit eenen Schuss henstreckt.

Also Lüe, wenn dat in johre Regionen noch keene Krimis geben deit, denn spinnt mol eenen torecht. Is doch bloß Spaß! Krimis sünd de Kasperle-Späle för Erwassene.

Thema Gesundheit, Ernährung, Upsatz, 4. Schooljohr

Luisa hett schräben: De Ernährung is dat Wichtigste för Minschen. Vör dat Fröhstück schall man nich arbeiden. Wenn man aver doch vör'n Fröhstück arbeiden deit, mutt man wenigstens vörher wat äten.

All gans lange is den Minschen bekannt, dat he äten mutt, üm to läben. Wenn de Planten richtig düngt weerd, is de Erfolg nich to vermeiden.

Melk is goot gegen Döst. Dor sünd alle Vitamine un Minimalisten binnen. Dat süht man an de Keihe, weil de so schier sünd. Se künnt bloß nich lange lopen, weil denn de Melk suer ward.

Wenn se sik lange genog schüddelt, givt dat de beste Schlagsahne. Bottern mokt man von Keih', sonst heet dat Margarine.

De beste Melk gävt de Bayern, vör all'n de Sennnerinnen innen Allgäu. Dat givt Bottermelk, Magermelk, Dosenmelk un ok Muddermelk. De is sowieso de beste för Babys. De hett jümmer de glieke Temperatur, Konservierung, ward nich suer un de Katten künnt nich ran.

Dat gesunneste Äten köft man up'm Markt, weil dat frisch is. Aver man mutt sik genau de Standfroen ankieken, weil jümmer moll wedder eene dorbi is, de to wenig wiegt. Dat Fleesch mutt von lebenden Tieren wäden, denn is dat noch nich olt.

Bi Pilzmohltieden schall man up sik achten. Pilzvergiftungen mokt sik bemarkbor dör Halskratzen un Buukpien in de Hartgegend. Denn is man krank un mutt no'n Dokter hen.

Von den Kranken sienen Willen hangt meist de ganse Existens vonnen Dokter af.

Dat Wichtigste in us is dat Hart. Dat is een kräftiger Schließmuskel. Fröher sünd de Minschen nich so olt wurn as hüte, weil se weniger to äten harrn. Un se harrn ok nich so starken Verkehr.

Jeden Avend putz ik mine Tähne un de Schohe, wasch mi den Hals, Arme un Beene un annere Kleenigkeiten.

Ik bün jo nich döpt wurn, aver dorför bün ik impft gegen alles. Desterwägen bruuk ik keene Krankenkasse.

Dat de Minsch eenen Mogen un een Hart hett, markt he irst, wenn de weh dot. Gesund is man bloß, wenn man gor nix von sik markt.

Manchmol is dat bäter, sülmst to bäern ...

Buer Meiners hett inlad' to'n Erntefest.

Oma, Opa, Vadder, Mudder, de lüttje Hans, siene Süster Susi, Tanten, Onkel, un fief Cousins sitt üm den grooden Familjendisch up'm Flur.

De Zuppen dampt, frischet Brot, Käse un Wust sünd rieklich vörhanden. Jedet Johr to Erntedank loert Buern-Familje Meiners de Verwandten to'n Äten in. Alle tövt se, dat dat losgoh'n schall, aver de Paster fählt noch. De seggt jümmer dat Dischgebet up.

Aver nu kummt un kummt he nich – hett he düssen Termin vergäten?

De Klöterkasten bimmelt, de Paster mutt leiders afseggen, weil he unglücklich henfullen is. Is schade, weil de Geistlichkeit fehlen deit. Wer schall nu dat Dischgebet upseggen?

Vadder Meiners kikt sinen Söhn an: »Hans, mi'n Jung, du schasst för us all dat Dischgebet upseggen! Du büst jo all groot!«

»Aver Vadder, ik kann doch nich bäern!«

Vadder bögt sik no em hen: »Hans, hör to! Bäer enfach för diene Familje, Verwandten, Kinner, Nobers, un för Arme up de Welt, de nix to äten hebbt. Du mokst dat siker goot!«

All kiekt se em an un luert, dat endlich dat Äten losgeiht, bevör de Zuppen kolt ward.

Hans kikt üm sik, sett sik risch hen un legt los: »OK, denn ik fang an! Leeber Gott, ik dank di för Äten, Drinken un de twee Buddel Köm up'm Disch. Un ok för den Kasten Beer ünnern Disch. Bewohre de Erwassenen för de gräsige Superee un den Krach, den se meist dorbi mokt. Lot Opa wäten, dat he nich jümmer so snorken deit, un Oma nich jümmer de Bettdeeken wegritt. Ik dank di ok för use Besöker un ehre Kinner, de jedet Mol annen Erntdank miene Kekse, mine Schokolode upfrät un mine Limo utsuupt. Vergiv jem ok, dat se min' Spältüg tweimokt, un mine Kammer dreckig mokt. Segne jem, dat so nie nich wedderkaumt. Un vergiv ok usen Nobersjung Rudi, de mine Süster dat Kleed wegnohmen, un ehrt Bett kaputt wöhlt hett. Noch eene Bitte hebb ik an di Gott: Schick to'n nächsten Erntedank Kleeder för alle de armen, nackten Fronsminschen in Vadders Computer. Un sorge bittschön ok endlich dorför, dat de Obdaklose eene Ünnerkunft kriggt. Denn bruukt he nich mehr, wenn Vadder up'm Acker is, in Mudder ehrt Bett to slopen. Amen!«

Novemberdage

De Nächte sünd lang un dör de körten Dage wabert trübe Nebelschwaden.

Dat well gor nich hell weern, de November is dor. He is de trorigste von siene twölf Monats-Kollegen.

De Harrvst-Temperaturen verleert gegen de Minusgrade, de Winter holt Inzug un nimmt de Sünne de Macht. He hett Störm un Regen, Schneematsch, Glätte un Frost innen Gepäck.

De Zugvagels sünd längst de Sünne achterher in Richtung Süden flogen. För de Torüchtbläbenen gelt nu, sik up de düstere un kole Johrestied intostellen. De Deerten hebbt Strategien ruutfunnen, üm den Winter to öberläben.

De Winterschlöper, so een as de Igel, frät sik bet to'n Harvst önnig Speck an, socht sik eenen frostfasten Bo ut Reisig un Blöer, un mokt bet to'n Föhrjohr Winterslop. Annere Deerten mokt Winterruhe, indem se in Starre fallt, weil de knappe Nahrung dat Öberläben nich sichern kann. So schont se ehre Kräfte. Düsse tierische Strategie is den Dot nöger as dat Läben, aver se is höchst wirksom. Dör warme Föhrjohrstemperaturen weerd se wedder wak.

Innen Novemmer givt dat twee Gedenk-Sönndage: Volkstroerdag un Ewigkeits-Sönndag.

Us ward bewusst, dat alles Lebendige up düsse Eer endlich is.

Düsse Gedanken schuvt wi to geern wiet weg, aver se sünd notwennig, üm in us to goh'n, wo un wie wi lävt.

Ob wi innerlich tofräden sünd, wo use Wege henföhrt un enden dot. Wo väle Afscheede von leeben Minschen hett dat gäben, welke Troer hebbt wi öberwunnen, welke Krankheiten sünd oberstoh'n, an wat liert wi an Lief un Seele?

Furchtbore Kriege tovt inne Welt, dat geiht üm Geld, Macht un Globen. De Rieken weerd von Macht un Gier beherrscht, se kriegt nie nich den Hals full. Dörför möt dusende Minschen starben.

Dat Beste is aver, dat Macht-, Geld- un Globens-Fanatiker ok dotgohn möt, se künnt nix mitnehmen – ob de doran ok denkt?

Se sünd in Würklichkeit armselige Minschen, se hebbt nix as väl Geld!

De ewige Natur-Kreislop ännert sik nich. Dorin mutt sik jede Kreatur fügen. Achtsomkeit is wichtig, mit us sülmst un gegenöber annere Minschen.

Freide an Kleenigkeiten is genau so väl weert as Freide an grooden Dingen. Ok mit Wenig lett sik väl bewirken.

Eene indianische Weisheit: De Schöpfer hett de Minschen mit alles utstattet: mit de Fähigkeit to snacken, to lopen, to sehen, to hören, to rüken, to schmecken un to föhlen.

Aver de Schöpfer wör nich tofräden, bet he de Minschen noch eene wietere Fähigkeit geevt: dat Lachen.

Von dor afan hebbt de Minschen lacht! Do meen de Schöpfer tofräden: »So, nu sünd ji läbensfähig!«

Oh Mann, so een Typ!

Afschluss-Tügnisse beschienigt den Schöler de Qualifikatschon, dat he riep för de Abi-Prüfung is, wenn de Noten dorför utträkt.

Üm den besten Weg in de Arbeitswelt to finnen, mutt'n een anstänniget Abitur henleggen.

Düt Ziel harr'n ok Jette, Lina un Cora vör Ogen, bevör dat an de Klassenarbeiten güng. De Dree wören beste Fründinnen, tosammen övten se, bet jem de Köppe qualmten. Dat hett sik aver uttahlt, alle Dree hebbt se in allen Fäkern eene glatte Twee schräben - bloß de Physik - düt Fak leegt jem oberhaupt nich.

Also nää, dor mössten se nochmol önnig ran! Jeden Nomiddag seeten se tohopen un övten Formeln, lästen un frögen sik af.

»Oh manno!«, röp Jette »Ik weer noch dösig! Düsse Wätenschap, de de Narurgesetze erforscht, krieg ik nich innen Kopp! So kaumt wi nich füdder, Deerns. Bi mi dreiht sik allens - Schiet Physik-Formeln!«

»Mi fallt wat in«, meld' sik Lina. »Wät ji wat? Ik frog usen Nober, de studeert Mathe un Physik. Villicht hölpt de us!«

»Dat wör use Rettung!«, röp Cora. »Minsch Lina, frog em man glieks noch hüte!«

De Dree entspannten sik un hofften inständig, dat Lina den Studiosus as Lehrn-Hülpe to foten kreegt.

Sage un Schriebe schöll dat an den nächsten Dag losgohn!

De Dree seeten in Linas Studeerstuv un tövten up Gerd, den Studenten. Un denn köm he - een schnieker Jungkeerl, so no Justin Bieber-Art.

Cora un Jette wören hypnoteseert, düsse dotschicke, lässige Keerl bröcht jem fast üm den Verstand.

Lina rüttel jem up, un denn güng dat an't Öben', aver de Konzentratschon löt to wünschen öbrig. Irgendwelke wilden Hormone bröchten jem döreenanner.

As Irstet schöll dat üm de Verklorung von Licht un Schall goh'n. Gerd frögt: »Lina, wat is schneller-Licht udder Schall?« Se antwurte: »Dat Licht!«

»Worüm dat?«, woll Gerd wäten.

»Weil bi mi'n Radio toirst dat Licht lüchtet un denn kummt de Ton.«

Gerd grien', un Lina löp rot an. »Jette, wat meenst du?«, frögt Gerd.

»D ... d ...dehe Schall is schneller!«, stotterte sik Jette trecht, weil ehre Gedanken gans un gor üm Gerds Body kreisen dön.

»Segg mi, wörüm?«

Jette: »B.b.bi den G.G.Glotzkassen hör ik to.ttoirst den Ton un denn kummt i. irst dat Bild!«

Jette stünn de Sweet vörn Kopp - manno, wör se sik peinlich! »Cora, wat seggst du, Schall udder Licht?«, wör Gerds Froge.

»Dat Licht notürlich!« brök dat ut Cora ruut, se mösst japsen, ehr Kreislop güng hoch up olympische Rekorde wägen Gerd.

»Worüm?«, wedder de Froge von Gerd.

Cora reet sik tohopen un keek an em vörbi - sine Blauogen möken ehr rein wuschelig.

»Weil ik bi Gewitter toirst den Blitz gewohr weer un dorno den Dönner hör.«

Gerd nickoppte ehr to: »Un worüm is dat so?«

Cora wör an't Dördreih'n, so een geiler Typ! Ehre Gedanken spälten verrückt: »Wei ... weihe ... weil de Ogen wieter vörne sünd as de Ohren!«

Onkel Wolfgangs Dag mit Kevin

Also Lüde, ik kann jo seggen: Ik hebb eenen Dag mit minen Neffen belävt, un bün totol an mine Grenzen stöt!

Dorbi hebb ik minen Broder jümmer beneidet, dat he een Kind hett. Ik bün jo solo un jobmäßig väl ünnerwägens. Desterwägen hebb ik glieks »Hier« ropen, as Broder un Schwägerin mit ehren säbenjährigen Kevin nich wüßten, wohen mit em, weil beide no Hamborg to'n runnen Gebursdag inlad wören.

Annen Vöravend hebb ik Kevin afholt, he schöll bi mi slopen, dormit wi annen nächsten Dag väl Tiet för us harr'n. Harr ik bloß wüsst, up wat ik mi inlöt ...

Dat güng all los, as Bettegohnstiet wör. Kevin bewägte sik in Tietlupentempo Richtung Bett mit de Begrünnung, dat he starken Gegenwind harr.

»Givt dat vanavend keen Märchen, Onkel? Tscha, denn giv't ok keenen Slop. Du, ik hebb Tiet!«

Mannometer, de Nacht wör lang! Wat de Jung allet wäten woll – »Maisöl ward doch ut Mais mokt, nich? Worut ward denn Babyöl mokt? – Du Onkel Wolle, mine Öllern seggt, dat ik nie nich lögen draff.

Aver ik segge bloß düt: Wiehnachsmann, Osterhas un Nikolaus ...« – irgendwann bün ik in unruhigen Schlummer fall'n.

Gegen Klocke Säben wök ik up, totole Ruhe! Nu is Ruhe jo wat Schönes, uter, du hest Kinner, denn isset verdächtig. Ik steg ut'n Bett un pedd' up wat Weeket. Öber den Bodden verdeelt legen Kevins Slopantog, Spälsoken, Schohe – he harr doch glatt sinen Rucksack utkippt un seet mitten twüschen de Saken. Up mine Froge, worüm dat hier rümleggt, köm de Antwurt: »Dat mokt de Schwerkraft! Jümmer schall ik uprümen. Ik bün as Kind geboren un nich as Sklave!«

Bi'n Fröhstück woll he dat Nutellaglas hebben. »Kevin«, belehrte ik em »wo heet dat Zauberwurt mit twee »t?« Kevin grinste un röp: »Lang dat Nutella röber, aver flott!«

Nomiddags, no den Tierparkbesök, wör Kevin schmuddelig un ik frög: »Seg moll, worüm büst du so dreckig? Ik verstoh dat nich!«

He keek mi trohartig an: »Is doch gans klor. Ik bün doch väl dichter annen Bodden as du!«

Also Lüde, ik woll as Kind nie nich no'n Zirkus, un nu wör midden binnen! Wi seeten annen Disch bi'n Avendbrot un Kevin frögt mit vullem Mund.

»Onkel Wolle, worüm nömt wi use Spraake Mudderspraake?« Ik hebb mit de Schullern tuckt.

Kevin hett mi belehrt: »Weil Papa selten to Wurt kummt!« Ik hebb mit'n Kopp schüddelt: »Aver Kevin, wo kann man bloß mit'n vullen Mund snacken?«

»Öbungssake, Onkel. – Vertell mi moll, wo Mama wör, as ik geboren wör?«

»De wör innen Krankenhuus, Kevin.«

»Un wo wör Papa domols?«

»Du, der wör siker up de Arbeit!«

»Dat is gans jo dull! Denn wör also keener dor, as ik anköm!«

Mannomann, Kevin wör een Fragegeist!

»Mama hett seggt, ik schall mi väl Möhe inne School geben, dormit ik studeern könn. Aver ik will jo gor nich klok weern! Ik will nämlich genauso weern as Papa!«

Doruphen mösste ik no Luft schnappen un stell' em eene Upgave: »Kevin, wat is 365 minus 25?«

»Ganz enfach: eene Mathe-Upgave!«

»Kevin, pass goot up inne School, klok wäden hett jümmer Vördeele.«

»Dat weet ik doch! Ik bün nich beschüert, aver mannigmoll hebb ik bäten Pech bi'n Denken. Aver Onkel Wolle, versök bloß nich, mi so to stüern, dat ik so weer as du! Papa hett nämlich seggt, dat eener von dine Sorte genog is!«

Düt nöhm ik mit künstliker Gelotenheit hen. Kevin wör enfach nich to bremsen!

As Kevin avends afholt wör, köm mi de Ruhe direkt unheimlich vör. Man schöllt nich glöben: Annerndags hebb ik em bäten vermisst!

Sloplose Nacht

Den gansen Nomiddag harr Rieke innen Goern Unkrut hackt un Blomen plant, un ok noch den Rasen meiht. Se wüsste jo, dat ehr Göttergatte ungeern Goernarbeit mök.

He seet inne Stuuv annen Disch un quälte sik no sine Arbeit as Pförtner mit Zeitungsläsen un Fernkieken dör den Nomiddag. As Rieke den Avendbrotdisch deckt harr, stöhnte he, wat he alles leisten mösst. Rieke strokel em öbern Rürch un gähnte luut. Se wör möde un hundskaputt.

Ehre Dage wören vull von Arbeit, de Henry, wat ehr Ehemann wör, nie bemarkte. Bet up een enziget Moll, as se totol gestresst no Huus köm. He keek ehr an un denn hett he sik sülmst sin Beer ut'n Keller holt.

Se wör as Spräkstünnenhülpe vörmiddags beschäftigt, un nomiddags töv' de Huushalt up ehr. Avends füll se no'n Duschen in't Bett, mit den fasten Entschluss, glieks intoslopen.

Henry harr sik in sine Deeken indreiht un wö all in si'n Dromland ankaumen. He geev een snorkendet Gräusch von sik. Rieke woll jüst sachte in ehrt Slopkino induuken, as se dör een Snorken von eene Jericho-Trompete upschreckte.

Ehr Henry harr sik up den Puckel dreiht, sög röchelnd de Luft in un löt se mit satanisch gellenden Piepluten wedder rut – klüng gans gräsig!

Rieke schöv em mit'n Ruck up de afgewandte Siete. Up eenmoll wör dat ruhig, schön. Se japste tofräden un kuschelte sik in. Se wör man jüst so'n bäten innickt, as gewaltige »Chrrr, Chrrr, Chrrrrsss« ehr hochscheeten löt.

Manno! Henry legt wedder up'm Rürch, harr de Hänne up'm Buuk faltet un snorkte as'n Damplok, de nich ingange köm – gans fürchterlich!

Rieke kenn' düsse Nächte mit em, aver dat wör jümmer schlimmer. He mösste unbedingt no'n Hals-Nasen-Dokter, so güng dat nich füdder!

Se schöv em wedder up de Siete un hoffte up Ruhe, aver he röchelte middelstark vör sik hen. Rieke wälz' sik von eene Siete up de annere, hör' dat vonnen Karkturm Een un denn ok Twee slon. Se wör hellwak, nervös, an Slop wör so nich to denken, weil Henry's Snork-Hymnen wedder stoßwiese kömen.

Rieke tögt de Deeken bet över den Kopp un füng an, Schape to tellen, aver bi dat dreedusenste Schap slög de Karkturmklocke Dree. Henry slöp hemmunglas luut as'n Murmeldeert un Rieke versochte mit allen Middeln den Slop för sik. Se nöhm sik vör, an Nix to denken – vergebens, dat slögt Veer, denn Fief un Henry slöp erbarmungslos snorkend füdder!

Snorken is jo so wat Enfachet, dat man sogor innen Slop kann! Hoffnungslos keek Rieke an de düstere Kammerdeeken, bet üm Klocke säben de Wecker klingel' un Henry ut sienen Deepslop reet ...

He keek üm sik, reev sik de Ogen un meen' jämmerlich to Rieke: »Du magst dat glöven udder ok nich! Stell di vör, ik hebb de ganse Nacht hendör keen Oge tokrägen!«

Sowat passeert bloß mit Kinnern

Jörgi drömelt öber sine Huusupgaben, he kummt dormit einfach nich ingange. Vadder kikt em öber de Schullern un frogt, ob he em hölpen kann. Jörgi hett si'n Matheheft open, dorbi süht Vadder, dat Jörgi een Passbild in dat Heft klävt hett. Gans stolt frogt he sinen Sohnemann, worüm he denn Papas Bild in dat Scholheft backt hett. Jörgi meent bäten verlegen: »Weil de Lehrerin sehen woll, wat för'n Döskopp mi jümmer bi de Huusupgaben hölpen deit!«

Avends frogt Jörgi de Mudder, ob se räknen kann.»Aver Junge, gans gewiss!«

»Du Mama, ik bruk för morn inne School fief Euro! Ja Mama, dormit hest du nicht räkent!«

»Mama, wi sünd doch eene weetbegierige Familje, stimmt dat?«, well he bi'n Äten wäten.

»So, wörüm denkst du dat?«, well Mama wäten.

»Jau, weil Schwester Marie eenen Franzäsich-Kurs, du eenen Kokkurs mokst, un Papa dauernd von den Sporkurs un Konkurs vertellt. Segg moll Papa, mokst du bald Konkurs – Kursus?«

Marie frogt Broder Jörgi: »Weeßt du egentlich, dat Deerns schlauer sünd as Jungs?« Jörgi schüddelt mit'n Kopp: »Nää, dat weet ik nich!« Marie kikt em an un lacht: »Sühst du!«

Annen Sönndag kummt Oma to Besök, weil Jörgi Geburtsdag hett. An den Middagsdisch schüddelt se mißbilligend ehren Kopp: »Aver Jörgi! Wo kann man bloß mit vullem Mund snacken?« Antwurt von Jörgi: »Allens Übung, Oma!«

Nomiddags probeert Jörgi dat nee Fohrrad, Omas Geschenk, up'm Hof ut. »Na Jörgi, wo geiht denn di'n neet Fohrrad?«, well Oma wäten. »Mi'n neet Fohrrad geiht nich, dat föhrt, Oma!«

»Un wo föhrt dat?«

»Och Oma, dat geiht!«

Eenmoll köm Jörgi gans witschen innen Gesicht von Indianerspälen to Hus an »Jörgilein, hebbt di de Jungs wedder an de Marterpahl fastbunnen?«, frög Mama besorgt. »Nää, vandage hebbt wi de Friedenspiepen rokt.«

Dat Dullste hett sik Jörgi up Omas Geburtsdag leist'. Trotz Footballverbot in Omas grooden Flur hett he mit sinen Ball Omas antike Vase, de up de oltdütsche Bord stünn, kaputt schoten. De Scherben klöterten mächtig up den gefliesten Bodden. Jörgis Schreck wör groot, aver noch gröter wör Omas, as se angestört köm un dat Malheur bekeek. »Min Gott Jörgi! Dat wör de Antikvase ut'n 17. Johrhunnert!«

Jörgi röp befreet: »Gott sei Dank! Ik hebb dacht, dat wör 'ne Nee!«

So'n wunnerboren Stau!

Bi Meyers seeten de Nobersfronslüde üm den Kaffeedisch. Dat güng luud' to, eene wüsst' mehr as de annere. De Ferjentied wör to Enne, un de Froens vertell'n von ehren Urlaub.

Lotte harr sik all poor Moll to Wurt meld', aver se köm enfach nich to Wurt. Irst no de veerten Tass' Kaffee löten de annern ehr vertell'n.

»De Ferjen in Dänemark sünd us totol verregent. Kolt un winnig wör dat, un de ulle Sand kneep önnig twüschen de Töhns. Meist hüng min Ool vör de Glotze mit'n Beerbuddel. Mit em könn' ik nix anstell'n.

Heelfroh wör ik, as dat no Hus güng. Do wörn wi so richdig up Krüzfohrt, von een Autobohnkrüz no dat annere. Lüde – un denn köm' wi innen Stau, stünnenlang köm' wi bloss'n poor Meter vöran, Minsch, dat wör upreegent!«

Lotte hol' deep Luff: »Wat ik dor all to seh'n kreegen hebb, künnt ji jo nich vörstell'n! Bi düt Schritt-Tempo könn' ik prima in de Autos kieken, de Schieben harr ik runnerdreiht. Ik wör Wackel-Dackel gewohr un gehäkelte Klorullenbezüge. Am Dullsten intresseerten mi de Fohrers. De könn' ik genau bekieken, min Ool dös' achter dat Stüer vör sik hen. De harr sik dags vörher poor Küstennebel rinputzt.

Hähähä ... een schicken Keerl mit graumeleerten Kopp nöhm' sogor de sülbern Sünnenbrill af un löt de Schieben rünnersusen. Gans lässig hüng he sinen brunen Muskelarm rut un he keek mi schräge an – och, wör dat een Beleevnis!

»Ganz schön satter Klang, Ihr Auto«, seggt' he mit so'n herrliche Rievisenstimm'.

»Jo jo, bi us bruukt keener to hungern«, antwurt' ik em.

He harr so fingerfree Autohanschen an, ut fienstet Wildledder, un siker eenen Perserteppich ünner dat Gaspedol – un ik meen, he harr sogor eenen Höhenmeeter up dat blitzblanke Amaturnbrett.

Af un to weih' eene Armani-Fohne röber. Un kieken könn de Keerl!

Gans genau so, as Jäms Bond bi'n gährlichen Updrag! Mir wör beeten swinnelig mit em – so Siete an Siete.

Ooch, si'n Auto wör gewiss so'n Triebwogen för den öffentlichen Nahverkehr, weet ji nich, wat dat is? De harr Liegesitze! Un dat Auto harr'n Steern vörn up un wör bestimmt XXL-Klasse!

Minschenskinner, un denn köm een Staumeller up'm Motorrad dörgeslängelt, sowat von Eleganz segg' ik jo! Denn harr ik gern moll ohne Ledderanzug to seh'n kreegen!

Schad', dat sik denn no twee Stünn' de schöne Stau uplösen dö!«

Us blivt ok nix ersport ...

Vör längerer Tied wiesen us de Fernsehsender Biller ut dat wohre Leben.

Verwahrloste Hüser un Wohnungen wören totol renoveert, upmöbelt un so to schick mokt, dat'n se achterran nich wedderkennen dö. Dat allens mök de patente Bastelfro Tine Wittler mit ehre Mannschaft fertig för Messi-Familjen.

Up eenen annern Kanal ertögt de Supernanny vertogene Gören un beroerte de unerfohrenen Öllern, dormit se in Tokunft mit den Nowass klorkömen. Wat de Nanny sägen dö, schöll afsolut wohr wäden, ok, wenn dat nich wohr wör. De Nanny harr nämlich sülmst keene Kinner

De Utwannerer innen Fernsehen wören von Kameras öberwakt, dormit de Tokiekers ok jede Afscheedstrone un noher de nee Heimat to seh'n kreegen. De meisten von de Utwannerer wören spätestens denn heimwehkrank, as se in'n Utland keen Geld mehr harr'n.

De Kochshows up fast allen Kanälen hebbt eenen mannigmoll reinweg den Appetit verdarft. Von middags bet avends kokten de Prominenten sik heet! Se stünnen achter lange Thresen mit Schörtens vör de Büüke, frabrizeerten wat unbekanntet Ätboret.

Dat Fernseh-Gaumentheater gefüll jem un se laberten dummet Tüg mit Wiengläser inne Hänne. Se prosten sik to un demonstreerten, dat Wien mehr schlürft as drunken ward. Gans wichtig is, dat de Wien to dat Äten passt.

Up fast jeden Kanal wör kokt! Ans wenn dat nix anneret geevt! Bi de ewige Kokeree hebbt siker väle Tokiekers innerlich mitkokt.

De Kookkunst is eene schöne, aver ok achtertücksche Methode, Muskelfleesch in Buukspeck to verwanneln.

Dütschland socht noch jümmer den Superstar – hört dat nie up mit DSDS?

De Endlos-Shows wiest gnadenlos Minschen, de danzen un singen dot, ok wenn enige dat gor nich künnt. Dieter Bohlen kanzelt de Möchte-Geern-Superstars gnadenlos af, bet se luut blarren möt. Em fehlt dat Talent to'n anstännigen Benähmen.

»Bauer sucht Frau.« Oh Mann! Wat för dämliche Buern weerd hier vörgaukelt!

Dat Ganse is doch nich real. Manche Sendungen sünd wat för völlig Phantasielose.

Gelegentlich mutt de Tokieker glöben, dat dat Fernsehprogramm bloß de Togabe to de veelen Werbeblöcke is.

Von Dokter-Hölperinnen

Nülich wör ik bi'n Dokter – jungedi, dor wör wat los! De Minschen stünnen vör de Anmellung Schlange. Jüst so, as wenn't wat ümsühst geevt.

Vör mi stünnen säben Minschen, eener hoste, de nächste wör an't Schniefen un een annerer löt sine Hatschis man enfach freehännig dör de Gegend susen.

De harr he doch wenigstens mit'n Taschendook afbremsen könnt!

Sine Bazillen un Viren könn man fast juchen hören bi so veel Utwahl an »Wirtslüden«.

De Fro vör mi woll ehren Hosten ünnerdrücken, aver denn brök de enfach ut ehr ruut un se kreegt eenen Hostenanfall, dat se luut no Luft japsen mösst. Den Jungen direkt vör de Rezeptschon löp de Näse to olympischen Rekorden ut. He könn dor nich gegen wischen un nöhm' enfach den Ärmel to Hülpe. Oh, wör dat eene Hosteree un Pruscheree!

De Dokter steek den Kopp ut den Behandlungsruum, he woll Hülpe. De Klöterkassen klingel' anduernd.

Vör de Anmeldung wör de Schlange lang un nörgelig. Dat is de alldägliche Praxistrubel, de besonners von de Hölperinnen starke Nerven föddert. Ik hebb jem bewunnert, weil se fründlich un geloten bleeben. Keene wör unwirsch, jeden Kranken begröten se mit Namen un denn köm de Satz: »Bitte nehmen Sie im Wartezimmer Platz, ich werde Sie holen.«

Meist sünd de Minschen denn tofräden, de netten Schwestern sünd jo besorgt üm jem, dat alleen deit all goot!

Ohne de Hölperinnen geiht gor nix. Se sünd de Uthängeschilder för Huusdokter-Praxen. Gewiss möt se eniget utholen von de ungedulligen, kranken Minschen. Dat kriggt de Dokter gor nich to wäten, weil Hölperinnen de Blitzafleiter sünd.

Is to hoffen, dat de Dokters wät, wat se an ehre witt bekittelten, fliedig-fründlichen Hölperinnen för Schätze hebbt. Se möt neben ehre medizinische Utbildung ok noch'n Barg vonne Psychologie wäten. Egentlich sünd se geniole Minschen, weil se versökt, Krankheit mit Fründlichkeit to verdrieben. Wer weet, am Enne künnt se sogor noch mit gans leebe Würter opereeren ... ...

Von Genverännerungen

Leider sind de Tieten vörbi, as de Planten noch ehre Geheimnisse in sik bargen dö'n. Vandage weerd Plantentüchtungen mit gentechnischen Methoden bedräben. Düt schall dat Ziel vonne Entwicklung neer Sorten mit besonneren Egenschaften wäden. In den Saatgoot-Sektor belävt wi hüte eene noch niemols dor gewesene Konzentratschon up een poor multinatschonole Konzerne, de engstens mit de chemische Industrie verbunnen sünd.

Düsse gentechnisch verännerten Planten verbreert sik inne Landwirtschaff, weil se weniger gegen Krankheiten anfällig wäden schüllt. Biologisch bewirtschaftete Flächen sünd dör Pollenflug nich siker, weil dor de Gentechnik strengstens verboern is. Unkontrolleerbore Samenkrüzungen sünd gefährlich för de Bio-Flächen, wenn Gen- Pollen roberweiht. Mutt'n denken, dat Gentechniker Giftmischer sünd?

Mit Gentechnik lopt dat gans ähnlich af as mit Atom-Energie. Väle Minschen hebbt keen goodet Geföhl bi düsse Technologien. Proteste dorgegen bewirkt nix, irst mutt dat bekannte »Kind in den Sod fall'n!«

Leider is dat so, dat de Grenzen twüschen Illegolität un Legolität meist fleetend sünd, wenn man de Konzerne för ehre gefährlichen Experimente free Hand lett. Utbaden mutt de gesundheitlichen Folgen jümmer de Stüertahler.

De Gewinn blivt stillswiegend bi de Konzerne.

Genmanipolatschon is nich neet: Anfangs von de 1970er Johre wör de irste Genmanipulatschon an Mikro-Organismen utprobeert. Dartig Johre loter hett dat Ümweltinstitut München bekannt geben, dat in Kanada, Amerika un ok in China groode Flächen genmanipolierte Planten anbot wurn sünd.

Düt wör mit de Verspräken, wie de Linnerung von Welthunger un Bekämpfung von Krankheiten von de multinatschonolen Pharma- un

Chemiekonzerne rechtfertigt. Düsse griept radikol rin in elementore Läbensprozesse!

De Risiken weerd verswägen udder as Bagetelle henstellt. För de Negativ-Folgen obernimmt keen een de Verantwurtung. In Tokunft , so mutt'n denken, is woll allet Ätbore för Minsch un Tier genverännert.

Keen Minsch weet üm de Folgen, de de Gentechnik achterlett. Gentechnik mokt dat möglich, dat bispellswiese Minschengene up Fisch udder Bakteriengene up Planten oberdrogen weern künnt.

Dordör weerd – innen Gegensatz to de klassischen Tüchtungen – de Reegenfolge von de Gene verännert. Dat heet, dat een Stück Erbgoot in een totol frömdet Erbgoot inbot ward.

Jeder Laie kann sik denken, wo un wie in Tokunft Epedemien entstohn künnt.

Vandage beherrscht de teihn weltgrötsten Saatgootünnernehmen över 70 % vonnen Hannel. Patente up Gentechnik schüllt jem düsse Monopole sikern.

In düsse Konzern- Laboren entsteiht gentechnisch verännert dat sogenennte »Hybride« , dat is Saatgoot, dat de besten Egenschapen ut verschiedene Tuchtlinjen vereenen schall. Aver nu kummt dat Gefährliche: Dat kann nie mehr nobot weern!

Markst Müse?? De Buern sünd dordör twungen, sik jedet Johr neet Saatgoot to köpen. Den Pries bestimmt denn bloß noch de teihn Konzerne – katastrohol is dat!

Un keene Macht verhinnert dat! Un us ward frech vörlogen, dat dat den Welthunger afstell'n schall!

Dorbi geiht dat bloß üm Macht- un Geldhunger för de teihn Grootkonzerne, de sik eenen Dreck üm Hunger un Gesundheit up düsse Eer schert. Experimente sünd goot, wenn se den Minschen deenen künnt. Gentechnik is keene Lösung, sonnern eene Sackgasse, weil de Utwirkungen nich bekannt sünd.

Von Mannsminschen un Fronslüe

Dat heet jo, dat de Ehefro een Geschöpf is, dat sik verplichten deit, de Sorgen mit ehren Ehemann to deelen, de he nich harr, wenn he nich mit ehr verheirot wöhr.

Een gooder Ehemann is eener, de sine Fro genauso behannelt as si'n neet Auto. Dat beseggt denn ok glieks, worüm dat so is: Keerls find, Froen in Lack, Ledder un Gummi upprägend, weil se jüst so rükt as een neet Auto.

Inne Ehe möt sik beide Partner düchtig anpassen, wenn dat Bündnis denn funktschoneern schall. De kloke Ehemann weet, dat sine Fro gefährlich weern kann, wenn he ehre Macken ruutfin'd.

Jau, de ideole Fro givt dat eben nich un de ideole Mann is een Keerlsminsch, von den all' Fronsminschen drömt un den'n keene kennt.

Dat Schlimme för Ehemänner is aver, dat väle Ehefroen jem ännern wüllt. Meist geiht dat scheef un en'd mit Krach un mit de Tiet socht sik jeder sinen Weg inne Ehe. De Froen stellt ok fast, dat Keerls ok Geföhle hebbt. To'n Bisell Döst un Hunger. »Schatzi, ik mutt di warnen!«, ropt he ehr to. »Ik bün jümmer noch as 'n wildet Deert innen Bett – kraul mi moll un denn bring mi Fudder!«

Wenn Fro wedder moll ehren Körper kritisch innen Speegel bekikt un rümmuult, meent he bloß: »Di'n stänniget Sträben no Schönheit, Fitness un Gewicht geiht mi up de Nerven! Dat is doch allens Quatsch! Wenn du goe Lune hest, sühst du väl bäter ut!«

Se argert sik: »Ik hebb jo Gewicht verloren, aver dat fin'd mi jümmer wedder!«

Un denn denkt he bi sik, dat man fröher mit'n utgedeenten Froenschlüpper noch dat ganse Fohrrad putzen könn. Vandage reekt de man bloß noch för de Klingel. An'n Schlimmsten is dat för em, wenn he sik endlich moll gesund ernähren schall. Dat nennt sik Diät (düstere

Vullkornbrötchen vonnen freelopenden Bio-Bäcker un Smoothie-Säfte den gansen Dag öber), bet em dat langt un he bölkt: »Bloß weg mit Erdbeeren, Banonen, Kirschen un Petersiljen in den doofen Saft! Dat givt nix Gesünneret as eenen echten Vullkornhefe-Smoothie ut'n Beerbuddel! Un dine blöden Multivitamin-Pülsche hebbt man bloß 12 Vitamine, aver Jägermeister hett 56 Kräuter un an de hol ik mi – basta!«

Se aver mokt füdder mit gesunne Ernährung un he mutt jo mitmoken: morns gesunnet Fröhstück, denn wenig Middagäten un sporsomet Avendäten. Gegen Klocke teihn nachts rastet he komplett ut, geiht inne Spieskammer un stoppt allens in sik rin, wat dor is.

Bi de Kontroll-Ünnersökung schimpt de Dokter: »Se möt unbedingt mehr drinken, Ehr Kreislop lopt nich rund!« Un denn wunnert he sik, dat de Dokter ok noch öber sine schlechten Läberweerte schimpt!

Och Mann, een Ehemann hett dat nich licht! Aver eenen Trost hett he: Hüte Avend is wedder si'n »Herrenabend«, de Tohopenkunft, wo Mann sik nich as een Herr benähmen mutt. Dor föhrt he jümmer mit'n Rad hen wägen de Promille loter up den Weg no Huus. Eenmoll hett he nodräglich to sinen Geburtsdag von sine»Herren« eenen Buddel edlen Conjack krägen. Dor he aver Angst harr, up den Nohuusweg vonnen Rad to fall'n un den Buddel tweitosmieten, hett he em glieks utsopen. Dat wör jo nu wohrhaftig een kloker Schachzug von em: He is nämlich 8 Mol vonnen Rad full'n! –

Se stigt in ehren Wagen un schüddelt den Kopp.

»Dat heet jo jümmer: Wenn ik eene Dör toslau, geiht eene annere open – dat ward nu würklich Tiet, dat ik mi'n Auto inne Warkstatt bring!«

De besten Froenkenner sünd de Meteorologen. De gävt de Wirbelstürme jümmer Froennamen. Kann's woll denken, dat Gott de Froen erschöf, üm Keerlslüe in den Wahnsinn to drieben – also leeber all för de Hochtied de rosa Brille afnehmen!

De leevevulle Ehefo is eene Fro, de ehren Göttergatten Ketten anlegt, ohne dat he dat markt. Keerlsminschen kann dat passeeren, dat jem de Pubertät un Mitlife-Crisis ineenanner öbergoht. In glücklicher Ehe is meist de Fro een bäten blind un de Mann een bäten taub ...

Von Mudder Griepsch

Inn de Düvelsmoor-Dörper geevt dat fröher dree gans wichtige Persönlichkeiten för de Minschen. Irstmoll wör dat de Paster, meestendeels so'n buukten Keerl mit Glatze un wichtiget Gehabe. He löt sine gewaltige Stimme sönndags von de Kanzeln schmettern, dat de Minschen sik duckten.

De Schoolmester, een grooden, slanken Keerl mit witten Hoorkranz üm denn gebill'ten Kopp, Nickelbrill' up de Näse un nervöset Zucken innen Gesicht, wör de tweete wichtige Person. Heg mök Ünnerricht för 29 Kinner ut dree lüttje Dörper.

Un denn wör dor noch de Hebamme, de wör bäter as Mudder Griepsch bekannt. Uter Kinnergriepen könn se ok den Dokter ersetten. Dat geevt jo wiet un siet keenen, ans mössen de Minschen no Osterholt-Scharmbeek hen. Mudder Griepsch nöhmen de Minschen geern in Anspruch. Se wör eene 61 jährige, gans plietsche Fro, de nich up de Snuten fall'n wör.

Se stell' Salben, Tees un etlichet Gebrei' sülmst fertig, för kranke Minschen un Vehtügs.

Egentlich wör se veel wichtiger as de Paster un de Pauker, meenten de Dörpslüde. Bi ehr könnten se allens gegen Wehdage kriegen. Fröh sömmermorns löp se dör dat wiete Moor un sammel' Kräuter un Beeren in den Weidenkörv. Dorut mök se seltsome Salben un Tees. Bi ehr to Hus rök dat as inne Aftheken. Se dö dormit gans gehemnisvull, keener dröfft bi ehr in de Pötte un Kannen kieken., de up den grooden Herd inne Köken vör sik hen dampten un röken. De Salben stünken fürchterlich. Dat geevt de as swarte, gröne un graue Pampe, wenn se fertig wören. Wenn een Peerd lohmen dö, kreeg dat eenen Salbenümslag von Mudder Griepsch, denn köm dat wedder in Ornung. Ebenso güng dat bi de Minschen, ob olt udder jung, ob Tee udder Salbe, dat hülp' jem all.

Wenn wat Lüttjet ankommen woll, wör Mudder Griepsch holt. Se köm mit ehr'n Kuffer, tögt eene witte Schörten öber dat swarte Kleed, mök önnig Water heet un bruuk' masse Handöker.

De Kinner wör'n jümmer gesund un rund un de Mamas bald wedder up de Beene. Se drünken all poor Stünnen Tee ut Griepsch' Aftheken. Ok Rotschläge verdeel' Mudder Griepsch. Dörför löt se sik mit Naturalien betohlen, von Torf bet to Mehl, Bottern, Melk un Kartüffeln. Geld harrn de meesten man gans knapp. De Kinner möchten ehr veel leeber as denn Schoolmester, denn se geevt hen un wedder ok moll Nohülpeünnerricht, un bröcht jem ok nebenbi dat VATER UNSER bi.

De Dörpslüde können nich ohne ehre Griepsche.

De Paster wetterte oft genog vonne Kanzel gegen ehr as heidnische Kräuterhexe. Se schöll sik nich in allens inmischen, düt stünn' ehr von'n leeven Gott her öberhaupt nich to!

Wat em önnig argern dö, wör de Totsoke, dat de Hexe sönndags to'n Middageeten jümmerto bi de Familjen inlaad wör, he aver man bloß, wenn he sik sülmst inlaade. Se harr em glattweg denn Rang aflopen!

Eenmoll wör dat wedder so wiet, een Kind woll kommen. Dat Übliche passeer, se köm mit den Kuffer un de witten Schörten, mök Water heet un beruhig' de Fro.

De künftige Vadder seet inne Stuven un dreih' seine Hänne ümeenanner, he könn jo gor nix hölpen. De Fro wör luut an't Stöhnen, wör nich mit antohör'n!

Mudder Griepsch stört' ut de Kammer mit'n roden Kopp un frög. »Hest moll'n Tang?«

He hol' fix de Tang, se löp dormit wedder rin. Glieks köm se wedder rut un woll eenen Hammer hebben. He rönn' no dat Warktüg un se wedder dormit in de Kammer. Gans nervös löp he up un dol vör de Kammer. Se reet de Dör open, smeet denn Hammer un de Tang up'm Disch un röp.

»Bring mi moll'n Breekisen – aver dalli!« He reet de Snuten open un stammel': »Se segg' mi mo moll, w ww wat mokst du bloß mit mine Fro?«

Se keek em wild an un röp. »Minsch, de verdammte Kuffer klemmt! Ik krieg' em nich open!«

Von Optis un Pessis

De Minsch nimmt de Welt up sine egene Art un Wies' wohr. Dat givt jümmer twee Sichtwiesen: Ob de Minsch optimistisch udder pessimistisch dör si'n Läben geiht, hangt meist von de Gedanken af.

Dat Optimistenläben föhrt to mehr Glück un Tofrädenheit, de Pessimist dorgegen süht meist allens düster, he is untofräden mit sik un de Welt. He mokt den Indruck, dat he geern enttäuscht weern well. Sine Freide is, wenn he bewiesen könn, dat dat keene Freide givt. He is so vörsichtig, dat he Böxendräger un eenen Gürtel to duppelter Sikerheit antüht. Een Instrument beherrscht he totol, he blast Trübsal.

Optimisten glövt siker nicht, dat Pessimisten recht hebbt. Grundsätzlich glövt se nich, dat allens scheef geiht. Wenn se eene Tuten Rasensamen köpt, kummt ok glieks de nee Rasenmeiher dorto.

Optimisten drägt dorto bi, dat dat Läben angenöhmer is.

Een Vadder kreegt dat mit de ünnerscheedlichen Sichtwiesen von sine twöljährigen Twillings-Jungs to do'n. De beiden gliekten sik üterlich as een Ei dat annere, aver innen Denken un Hanneln wören se vullkommen verschieden. Wenn dat den eenen to heet wör, wör dat den anneren to klolt, den eenen wör de Musik to luer, de annere mök se noch lurder. Upfällig wör, dat de eene den gansen Dag öber beste Lune harr, de annere wör de muulsche, perfekte Pessimist.

De beiden harrn Geburtsdag. Vadder woll een Experiment moken. As de Jungs slöpen, bröcht in dat Zimmer von den Pessimisten de schönsten Geschenke: Spältüg, Sportgeräte, een Tablet un Schokolade.

Den annern Jung, den Optimisten, stell' he eene Kiepe mit Stroh un Kaninkenködels in dat Zimmer – sons gor nix!

He wör gespannt, wat woll passeeren dö. Annen nächsten Morn keek he bi den Pessimisten rin. De seet inmitten von de Geschenke un huul'!

Vadder woll wäten, worüm he jammern dö bi all de schönen Saken: »Mine Fründe weert doch neidisch, un denn mutt ik doch de gansen Gebruuksanwennungen läsen. Un denn mutt ik jümmer nee Batterien hebben, un mit de Tiet goht de Spälsoken doch twei ...«

Trorig güng Vadder weg un keek bi den Optimisten rin - de sprüng freidig üm de Kaninkenködel rüm! »Segg'moll - worüm freist du di denn so?«

»Mann, gans enfach, Papa!«, jubileerte de Jung: »Weil irgendwo innen Huuse Kaninken sünd!«

Von Relaxen nich de Spur ...

Ik schöll mi moll wat Goodes günnen, meen' mine Fründin, as ik no eene Arbeitsweeke un noch eenen anstrengenden Huusputzdag innen Sessel hüng. Mi dö' de Puckel weh un ik bekeek gor nich begeistert mine Hänne. De seegten aver nich gepleegt ut mit de afbrookenen Fingernägels! De Fründin röp. »Du, ik bün ok gans fertig – jüst so as du!« Se angel' ut ehre Handtaschen een Wellness-Prospekt ruut und wink' dormit.

»Düt hier is wat för us, dat dot wi us moll an!« Ik wör nich begeistert:

»So wat köst'n Barg Geld un ob dat bi us wat bringt? Jünger un schöner weerd wi dor gewiss nich von!«

»Du Swartkieker!«, röp se »wi wüllt us verwöhnen loten, dat deit us good. Schasst moll seh'n!« De Katalog wör gründlich dör blöert. »Verwöhn-Wochenende-Absolutia« klüng utopisch »Relax-Total« hör sik all bäter an. Denn wör noch »Ozon-Frischzellenkur« anbor'n –Frischzellen bruuken wi nich un Ozon woll'n wi nich!

Am Enne hebbt wi us vör dat »Dreitägige Rundum-Sorglos-Paket« up eene Insel entsloten un anmell't.

Wi möken us up'm Weg, irst mit'n Zug un denn mit de Fähre. Dat wör eene lustige Fohrt. Wi harr'n us al entspannt un frei'n us up dat schöne Wekenenne.

Eene Therapeutin nöhm' us in Empfang un klär' us glieks up, wat us alles erwarten dö. Wi wör'n jo so gespannt un harr'n ok Hunger von de lange Fohrt.

Un denn güng dat los! »Der erste Tag dient der absoluten Entschlackung«, deel' us sööt lächelnd de Betreuerin mit. De secht' ut as de liefhaftige Barbie.

Wi keeken us entsetzt an. Dat heete innen Klartext, dat wi hüte bloß Brenneteltee in de leckeren Farf' Giftgrön, un schieret, grauet Knäckebrot statt Sekt un Lachs kreegen.

Och, du leebe Tied!

Jo, un weil wi beide woll önnig wat to'n Entschlacken harr'n, wör'n wi noch vör dat »wunnerbore Eeten« teihn Minuten lang to eene anstrengende Gymnastik upföddert un anschließend mit eenen Waterschlauch önnig afsprützt, mit kolet Water! Dorno wör us alles vergoh'n! Also nä – dat eben wör dat Aqua-Splash, wat wi in den Katalog leest harrn.

Bi soveel kolet Water stell'n sik bi us de Nackenhoore up. Glieks dorno güng de Entspannungs-Massage los.

Dorbi hebbt wi aver beide nich entspannt, weil de Masseur een knackiger Typ üm de Veertig un dorto noch George Cloonys Ebenbild wör.

As he us masseeren dö, suusten use Blooddrucke in olympische Rekordhöhen. Dat wör een Typ!

In de nächsten twee Dage hebbt wi us lustlos dör heete Schlammbäder, Sauerstoffbehandlungen, Aromasaunen und Söltwatertanks »gewellnest«.

Wi harrn oberhaupt keene Tiet, de Gegend to erkunnen un wi woll'n doch väl spazeern. De Tiet reekte jüst so eben, üm an de Vitaltheke to goh'n, wo wi us eene Tasse Rotbuschtee ohne Zucker to dat lustlose Gemüte föhrten. oh, wat'n Luxus!

Un denn mössen wi glieks wedder los in de warme Grotte mit de Heete-Steen-Therapie.

Mi lopt vandage noch de kohlen Gräsen obern Rürch, wenn ik an de verdammt heeten Steene denke. Deelnohmslos löten wi dat komische Petersiljen-Peeling, de heet-kohlen Watergüsse un de as besonners anerkannten »Stirn-Falten-Milderungen« ober us ergohn.

Aver ik meen', dat lestere harrn wi dringend nötig, nodem wi use Reeknungen läst hebbt.

Düt »Diät-Rundum-Paket« wör jo dürer as een Dreeweeken-Urlaub allens inklusive!

Also, von Relaxen hebbt wi beiden aver nix mitkreegen! Un dat Äten wör schrecklich, bloß jümmer Knäckebrot, wunnerliche Tees, bittere Säfte un Tospruch to'n Dörholen.

An'n gräsigsten wör'n de rohen Kartuffelsäfte wegen de inneren Reinigung – brrrrrr!

Also us hett düt reekt. Von Verwöhnen hebbt wi nix markt, hebbt bloß von eene »Wohltat« no de annere flitzen mößt. To Hus hebbt wi us irstmoll anstännigen Kaffee mit Genuss to Gemüte föhrt un denn önnig utslopen, weil wi so kaputt wör'n.

Erfohrung is wat, dat man kricht, wenn man gans wat anneret hebben woll.

Erfohrung schall de beste Lehrmeister weden, aver dat Schuldgeld kann hoch weden.

Glövt man, relaxen kann man veel priesgünstiger to Huus!

Wenn he koken deit …

Se harrn önnig Krach ingange. Se smeet em vör, dat se no ehre Arbeit innen Huse allens alleen moken mößt: koken, waschen, plätten, un reinmoken. He höl sik dor jo man fein ruut. He anter dorup, dat he den Rasen meih'n mößt, buten üm't Huus un inne Garage Ordnung mök. »Wenn du dormit fertig büst, kannste mi ok moll innen Huuse hölpen!«, bölk se. »Aver denn verdrückst du di inne Kneipe üm de Ecke, Mann!«

»Dat hebb ik mi verdeent! Uterdem kann ik di nich arbeiden seh'n, jüst dorüm goh ik weg.«

Se smeet em dat Geschirrdook achteran, he füng dat up, güng up ehr to un meen' sachte: »Hör moll to, du Mullemus. Ik versprǟk di, dat ik eenmoll inne Wäke koken do!«

»Dat glöv' ik jo nich!«, röp se. »Aver secht moll, kannst du denn koken?«

»Tominnest bäten, aver ik lehr' dat gewiss! Dat givt doch Kokböker.«

Annen nächsten Dag köm se loter no Huus, wägen Oberstünn. In Gedanken wüsst se all, wat se to'n Avendäten koken woll. Dat schöll fix goh'n, ans wör dat to lot. Möde löt se ehre Taschen an de Gardrobe fall'n un hüng ehre Jacken up. Wat wör dat?

Se schnupper'– ut de Köken rök dat no wat Gebroertem. Dor stünn totsächlich ehr Göttergatte annen Herd un wör mit Pott un Pannen beschäftigt! He wör mit Kokhanschen un Pannenwender bewaffnet, neben em lecht dat scharpe Messer.

»Jungedi!«, dachte se. »De mokt ernst. Moll kieken, wat dat weern schall.«

Oha, dat geevt Jägerschnitzel mit Ziepoln in Bottersoße! Aver dat rök so wunnerlich ut de Pann'. Misstroisch fröcht he: »Sech mi moll, wat hest du bloß för komische Ziepoln köft? Du lässt di woll up'm

Wäkenmarkt allens ansnacken, wat se bi anner Lüde nich losweern künnt!

»Minsch, Ziepoln hebb ik gistern doch köft! De liggt inne Spieskommer!«, röp se.

»De hebb ik dor funnen!«, beruhigte he ehr. »De sünd doch goot. Wat fehlt dor denn an?«

»Hier!« Se wies' up de Pannen »Kiek di bloß den Krom moll an! Gediegenen Geruch un grauet Geschwabbel! De ganse Soße is doch Schiete!«

De Panneninhalt seecht gediegen ut. Se schnüffel' nochmoll doran un güng in de Spieskaumer. De Ziepoln harr se in dat ünnerste Regol legt, un dor legen se noch!

De harr he nich funnen, bücken wör nich si'n Ding. Aver dörför harr he sik ... och du Schreck ... an de brune Tuten mit de Tulpenziepoln vergräpen! De Tuten wör leddig! Se nöhm de Tuten mit un klär' em den Irrtum up. »Schode is dat! Gans schode!« »Wat is denn schode?« woll he wäten.

»Jo Mann, schode üm de Tulpenziepoln un de schöne Bottern!«

Hella freit sik up de Schoole

De neen ABC-Schützen startet mit frohen Mut in eene nee Tiet, de langersehnte Schooltiet. Oh Manno, is dat spannend! De tokünftigen Schoolkinner sünd mächtig upgerägt. Hella bekikt gans stolt den neen Schoolranzen, de rosa Federmappe mit de schönen Buntstifte dorbinnen, un de irsten Schoolböker. Teekenblock un Hefte.

Wonehr isset bloß sowiet, dat endlich de Schoole losgeiht? Hella kann dat man kuum aftöven. Mama hett eene groode, bunte Tuten köft un glieks verstäken. De draff Hella aver noch nich seh'n, de kriggt se to ehren irsten Schooldag.

Oma un Opa hebbt dor gewiss wat Sötes rindo'n. Villicht ok wat to'n Spälen. Hella is totol zappelig, weil se noch väl to lange up de Schoole töven mutt, weil jo Ferjen sünd – un de duert un duert!

Se denkt an den Kinnergoern trücht. As se dorvon Afscheed nöhm, wör Frau Hase, de Leiterin bäten trorig, weil nu för »ehre Kinner« de Ernst von dat Läben anfangen schöll, wenn de bald inschoolt wören.

Dat könn Hella nich verstohn. Se woll keen Kinnergoernkind mehr wäden, se woll wat lernen. Inne Schoole.

Jeden Avend innen Bett beärt se, dat de Dage bet to Schoolanfang flinker hengoht.

Opa is to Besök. He well ehr wat vörläsen ut een Book. »Min Deern«, seggt he »Bald kannst du sülmst läsen, wat ik nu läse.« Hella kuschelt sik an Opa un givt em eenen Söten. »Autsch!«, ropt se »Opa, du stikst mi mit dinen Bort!« Opa grient bloß un läst: »Dat du nu no de Schoole musst, bruukt di nich to kränken. Goh hen mit Mot un Lust, musst jümmer doran denken: Et is nich jümmer Ünnerricht, mannigmoll is Pause. Un Ferjen givt dat temlich väl. Denn büst du zu Hause, un hest masse Tied to'n Spälen.«

Opa holt inne, drückt Hella an sik un meent: »Leevet Kind, is dat nich schön? Du drafst bald in de Schoole gehn.«

Die Autorin

Anneliese Hamann, geb. 1949, aufgewachsen auf einem Bauernhof mit zwei Geschwistern. Von Kindesalter an hat sie Plattdeutsch gesprochen, deshalb möchte sie diese liebenswerte »Sprache« erhalten wissen. Dazu sollen diese Kurzgeschichten in Plattdeutsch auch beitragen. In ihrer Ehe hat sie zwei Söhne erzogen und daneben als Schwesternhelferin überwiegend in der Altenpflege gearbeitet. Sie hat schon immer gern geschrieben, aber um sich das richtige Handwerkszeug dafür anzueignen, absolvierte sie vor vielen Jahren ein Fernstudium in Sachen Schriftsteller-Journalismus. Seit über 20 Jahren schreibt sie Medien Kreiszeitung »Verdener-Aller-Zeitung« und »Achimer Kreisblatt« und auch für andere Magazine. Schreiben ist einfach ihr Hobby.

Regional-Krimis von Katrin Steengrafe

Mord an der Wümme

244 Seiten, Taschenbuch, Format 14 x 19 cm
12,90 Euro
ISBN 978-3-95494-264-0

Der 20-jährige Sven Hartmann wird am Borgfelder Deich tot aufgefunden. Weder ein Motiv noch weitere Hintergründe des Mordes sind erkennbar. Die Kommissarin Rieke Senger tappt bei ihrem ersten Fall in Bremen völlig im Dunkeln. Welche Rolle spielt der Verein »Helfende Hände e.V.«, bei dem Hartmann gerade eine Ausbildung absolvierte und Carmen Schütte ihre Stelle antritt? Die einzige Zeugin, ein depressives Mädchen, hüllt sich in Schweigen …

Wesergold

220 Seiten, Taschenbuch, Format 14 x 19 cm
12,90 Euro
ISBN 978-3-95494-177-3

Ein rätselhafter Mord an einem älteren Mann beschäftigt die Bremer Mordkommission. Bei ihren Recherchen stoßen die Kriminalisten immer wieder ins Leere. Sowohl die Exfrau, seine ehemalige Lebensgefährtin, aber auch Freunde und Kollegen hüllen sich in Schweigen oder machen widersprüchliche Aussagen. Schließlich führt die Spur in die Firmengeschichte einer großen, inzwischen insolventen Bremer Werft, wo der Tote Vorsitzender des Betriebsrates war. Als die Kommissarin Rieke Senger sich fast am Ziel wähnt, gerät auch ihr Leben in Gefahr …

Regional-Krimis von Christa Picard

Mord im Moorexpress

192 Seiten, Taschenbuch, Format 14 x 19 cm
12,90 Euro
ISBN 978-3-95494-276-3

Gerade hat der Moorexpress seine letzte Saisonfahrt beendet, da entdecken die Eisenbahner in ihrem Zug einen Toten. Die Mordkommission steht vor einem Rätsel: Bei dem Opfer, einem älteren, gut gekleideten Herrn, finden sie keine Hinweise auf seine Identität. Niemand hat etwas von dem Mord mitbekommen. Die Ermittler machen sich auf die Suche nach den Mitreisenden. Einer von ihnen muss der Mörder sein …

Ein kniffliger Fall für Kommissar Peter Köster, Gisela Schmidt, Leiterin der Verdener Mordkommission, und ihr Team. Und dann ist da noch dieses Tagebuch einer jungen Frau aus dem Jahr 1943. Die Spuren führen ins Teufelsmoor …

Der Krimi handelt in nahezu allen Orten an der Moorexpress-Strecke: Bremen – Osterholz-Scharmbeck – Gnarrenburg – Worpswede – Bremervörde – Stade.

Verschollen im Teufelsmoor

184 Seiten, Taschenbuch, Format 14 x 19 cm
12,90 Euro
ISBN 978-3-95494-176-6

Der neue Fall von Kommissar Köster: Sonja Brünjes meldet ihre Mutter vermisst. Aber ist sie wirklich vermisst oder mit der neuen Liebe durchgebrannt? Als sie nach einer Woche nicht wieder zur der Arbeit erscheint, fangen die Osterholzer Kommissare mit ihren Ermittlungen an. Die Vermutung liegt nahe: Sonja ist nicht freiwillig untergetaucht.

Die Spuren führen ins Teufelsmoor, wo die Polizei in den Resten einer frisch abgebrannten Moorkate einen Schuh und eine Haarbürste der Vermissten findet. Doch welche Rolle spielen die Russen-Mafia, ein verschollenes, wertvolles Gemälde aus der NS-Beutekunst und die Breme Spedition Spreewald und Schraube?

Ein weiterer kniffliger Fall für Kommissar Peter Köster, Gisela Schmidt, Leiterin der Verdener Mordkommission, und ihr Team.